Margrit Erni

Sich selber finden

Walter-Verlag Olten und Freiburg im Breisgau

11. Auflage 1991

Alle Rechte vorbehalten
© Walter-Verlag, Olten 1975
Druck: Nord-West-Druck, Trimbach
Einband: Walter-Verlag, Heitersheim
Printed in Switzerland

ISBN 3-530-18930-8

*Frau Dr. Katharina Schütz,
Radio Studio Bern, gewidmet,
welche die diesem Buch zu Grunde liegende
Sendereihe anregte und leitete*

Inhalt

I. Sich selbst verwirklichen?
9

II. Sich selber finden – Ein komplexer Prozeß
22

III. Selbstbewußtsein – Selbstvertrauen
36

IV. Echte und unechte Selbstbehauptung
51

V. Aggression –
Angriffsfreude oder Zerstörungstendenz?
67

VI. Der Lebensraum –
Ein Faktor der Selbstfindung
85

VII. Schuld und Schuldgefühle
101

VIII. Genießen und Verzichten
120

I. Sich selbst verwirklichen?

Eigentlich möchte ich doch lieber ein anderer sein. Ekelt es mich nicht oft an, immer wieder mir selbst zu begegnen, bis zum Überdruß, zur Langeweile?
Ich möchte diesen Kerker aufsprengen, mich selbst verlassen können. Wieso denn Selbstverwirklichung postulieren wie eine Art Maxime – oder fast wie ein Ideal?
Ist es nicht vielmehr eine gefährliche Illusion? Wie kann ich denn zu mir selbst kommen im Taumel der vielen Eindrücke von außen?
Kann ich überhaupt meine eigene Persönlichkeit finden angesichts der Beeinflussung durch Leitbilder und gesellschaftliche Strukturen? Verstehe ich, den Zeitideen kritisch zu begegnen, vor allem den Modemeinungen, die sich auf eine raffinierte Weise als Selbstverständlichkeiten aufdrängen?
Selbstverwirklichung scheint doch nur ein Wunschbild von Idealisten zu sein, die noch nicht gemerkt haben, wie sehr wir in einer verplanten und überorganisierten Gesellschaft leben, wie sehr wir der Manipulation erliegen. Wir glauben bei manchem, daß wir als freie Menschen handeln, aber in Wirklichkeit sind wir fein gesteuert und leben in der Annahme, es seien eigene Bedürfnisse.
Stoßen wir mit der Forderung nach Selbstverwirklichung nicht auch an eine Grenze der Moral? Besteht nicht die Gefahr, sich selbst in den Mittelpunkt zu stellen, sich dermaßen überzubewerten, daß im Zuge der eigenen Selbstver-

wirklichung der Mitmensch zu kurz kommt? Sollte ich nicht viel mehr daran denken, für andere dazusein, mich zu vergessen, ja sogar mich selbst zu verleugnen?

Bin ich nicht ohnehin ein Egoist, der letztlich doch nur sein eigenes Wohlbefinden, sein Glück, seinen Vorteil im Auge hat?

Könnte es hier also nicht darum gehen, auf etwas subtile Weise mir etwas vorzumachen, was in Wirklichkeit eine Lebenslüge ist?

Diese Bedenken scheinen tatsächlich etwas an sich zu haben. Oder melden sie mir vielleicht an, daß ich Angst habe, mir selbst zu begegnen? In Konfrontation mit den tieferen Schichten meines Wesens vor unangenehme Forderungen gestellt zu werden? Mich ändern zu müssen?

Könnte es nicht auch sein, daß bisher unbekannte – und daher gefährlich erscheinende Strebungen in mir durchbrechen würden, daß Gefühle, Bedürfnisse wach würden, die jetzt einfach weiterschlafen, weil ich nichts von ihnen weiß? Stimmt nicht der alte Satz: Was ich nicht weiß, macht mich nicht heiß?

Warum mir also selbst Schwierigkeiten bereiten, wenn mir die Umwelt jederzeit bestätigt, daß ich ein «normaler Mensch» sei? «Normal» im Sinne: der Norm des Durchschnitts entsprechend. Niemand hält mich für besonders neurotisch, höchstens mutet man mir, wie den meisten andern, gewisse sogenannte «Kanten» zu. Ich versuche die Erwartungen meiner Umwelt zu erfüllen, mehr oder weniger. Eigentlich ist man gar nicht unzufrieden mit mir. Ich spiele meine Rolle in Familie, Beruf und vielleicht auch in der Öffentlichkeit so, wie man es von einem Menschen heute erwarten kann. Es geht mir eigentlich gut, mit den üblichen Abstrichen, die jeder Realist von heute macht.

Meine Lebenserfahrung bestärkt mich darin. Ich bin nüchtern geworden. Ich glaube nicht mehr so leicht daran, die Welt verändern zu können, wie damals, in den stürmischen Jahren der Jugend.
Also, lassen wir das Thema «Selbstverwirklichung» als hübsche Maxime stehen für diejenigen, die sich ohnehin zu sehr mit sich selbst beschäftigen, die Zeit genug haben dafür. Wir haben wirklich Wichtigeres zu tun. So viele Pflichten lasten auf uns; sie müssen erfüllt sein. Der Luxus der Selbstbesinnung paßt besser zu Menschen, die nicht so viel zu arbeiten haben wie wir, die vielleicht auch dem Modetrend nach Meditation oder nach Selbsterfahrung recht gerne folgen. Aber ist dies etwas für uns? Für mich?

Jede Begegnung mit sich selbst ruft offensichtlich ein ganzes Heer von *Widerständen* hervor. Vom Gemüt her kann sich Überdruß, wenn nicht Ekel melden; es gibt so viele Enttäuschungen, die wir im Laufe unseres Lebens an uns selbst erfahren haben. Wer schämt sich schon gerne vor sich selbst? Und der Scham können wir wohl kaum ausweichen. Wir versuchen ihr oft zu entfliehen, etwa durch Bescheidenheit, die, genauer besehen, eher Resignation und Flucht ist. Um der Angst vor uns selbst besser begegnen zu können, hat der Intellekt genügend Abwehrmechanismen zur Verfügung gestellt: das fängt an bei der einfachen Ausrede, solches sei Zeitverschwendung, bis zur Skepsis gegenüber der Möglichkeit, zu sich selbst zu kommen und sich selber zu bleiben, angesichts der vielen Rollenzwänge von außen und der Grenzerfahrungen von innen. Was als unbequeme Forderung an uns herantritt, entwerten wir leicht zu einer nicht realisierbaren Utopie. Anderseits schieben wir oft unser Gewissen vor: Flucht vor echter Selbstverwirklichung erhält die Maske christlich geforderter Selbstverleugnung, von Nächstenliebe, von Rücksicht auf den Mitmenschen. Vielleicht aber sind wir gewissen Lebensanforderungen gegenüber dem schlimmsten aller Abwehrmechanismen verfallen: dem systematischen Ausweichen, Überhören, Sich-Unempfindlich-Machen, einem Verdrängen der verleugneten Lebenswahrheit. Der Panzer wird immer undurchdringlicher und härter, es kann ihn nichts mehr durchstoßen. Man wird nicht mehr erschüttert und beunruhigt über sich selbst. Eine Schein-Zufriedenheit breitet sich aus; es ist die eines seelischen Grabes. Gelegentlich aufsteigende Ängste lassen sich übertönen mit Betrieb; innere Anforderungen im Blick auf das Wesentliche kann man umgestalten zu besonderer Gewissenhaftigkeit in unwesentlichen Details.

Offene und maskierte Widerstände melden sich bei uns Menschen, wenn es um die Konfrontation mit etwas Wesentlichem geht. Es lohnt sich, ihre Intensität zu beachten und sich zu fragen: Was will hinter meiner Abwehrreaktion zum Leben kommen? Was heißt Selbstverwirklichung für mich persönlich? – Diese Frage muß wohl ein jeder vor sich selbst beantworten, dort, wo er lebt, in seinen Verhältnissen, im Geflecht seiner Verpflichtungen und Freiheitsmöglichkeiten, die ihm gegeben sind.

Gewisse allgemeine Gesetzmäßigkeiten spielen jedoch bei jedem persönlichen Entscheid wesentlich mit. Es gibt Grunderfahrungen, die jeder Mensch macht, weil er Mensch ist und Anteil hat an der Menschennatur. Daher läßt sich die Frage stellen: Wodurch ist eine echte Selbstverwirklichung gekennzeichnet? Gibt es gewisse Kriterien, durch die wir unsern eigenen seelischen Standort bestimmen oder ihn wenigstens erahnen können?

Versuch einer Deutung:
Was heißt Selbstverwirklichung?

1. Selbstverwirklichung ist kein Besitz, nichts Starres, keine unveränderliche Form des Lebensvollzuges, sondern ein *dauernder Prozeß*. Wer der Routine verfällt, hat sich selbst in gewissem Sinne bereits verloren. Er wird zum Sklaven der eigenen Denk- und Handlungsmuster.
Damit soll nichts gesagt sein gegen den Wert guter Gewohnheiten; sie ersparen uns eine ganze Menge wertvoller Energie, die wir für andere Anforderungen brauchen können. Auch der Trainingserfolg durch Wiederholung und Übung darf nicht unterschätzt werden. Gefährlich wird nur die Überzeugung, ein für allemal das Rezept gefunden zu haben, sich auszukennen, nichts mehr hinzulernen zu müssen. Erfolge können dann gefährlich werden, weil sie zu Fixierungen verleiten und statt zur Selbstverwirklichung in eine Sackgasse führen. Im Museum einer kurzsichtigen Selbstbestätigung durch Erfolg sind schon wertvollste Lebensimpulse erstickt. Der erfolgreiche Routinier verliert zunehmend an Substanz, er handelt nicht mehr aus der Mitte seines Herzens heraus, er funktioniert nur noch wie ein Apparat, der auf ganz bestimmte Handlungsabläufe hin konzipiert ist. Wenn Kierkegaard sagt, daß «der Existierende beständig im Werden» sei, so müßte der fixierte und erstarrte Mensch als der Nicht-Existierende bezeichnet werden, als ein seelisch Toter, selbst dann, wenn sein Verhalten tugendhaft aussieht. Neben der Verhärtung im Bösen ist auch eine Verhärtung im Guten möglich. Selbstverwirklichung heißt, dauernd sich selber werden, bereit sein zur Veränderung aus der Überzeugung der eigenen Unzulänglichkeit heraus. Nicht nur Erfolge können durch einen

Zwang zur Wiederholung den Entwicklungsprozeß gefährden. Auch Mißerfolge haben fixierende Tendenzen in sich. Sie lähmen, machen müde, lösen unfruchtbare Selbstwertkrisen aus, wenn das Leben nicht im ganzen als Lernprozeß aufgefaßt wird. In der Dimension des Lernens durch Erfahrung verlieren Mißerfolge jedoch ihr negatives Vorzeichen. Sie werden zu Stufen zu einer noch tieferen und. echteren Lebenswirklichkeit.

2. Selbstverwirklichung heißt *sich selbst annehmen,* mit allen inneren Konflikten, *mit allem Widerspruch,* in der Ganzheit der hellen und dunkeln Seiten. Die Gespaltenheit des Menschen ist ein uraltes Thema der Philosophie, des Mythos, der Dichtung, der Psychologie und Soziologie – und doch fällt es uns so schwer, im lebendigen Alltag diese Realität anzuerkennen. Es beleidigt unsere Eitelkeit, daß wir uns selbst so wenig durchschauen können. Wir leiden an der Doppeldeutigkeit unseres Erlebens: etwas zu wollen und es gleichzeitig nicht zu wollen, zwei einander widersprechende Dinge gleichzeitig zu erstreben, einen Menschen zu lieben und plötzlich Haßgefühle gegen ihn wahrzunehmen, etwas sehnsüchtig zu erwarten und voller Furcht davor zu fliehen, eine Überzeugung zu vertreten und im Innersten an der erkannten Wahrheit zu zweifeln. Selbstverwirklichung erfordert großen Mut. Es heißt, Unheimliches auszuhalten, Abgründe zu spüren – und doch zu hoffen, die eigenen Fehler und Grenzen nicht nur als Belastungen zu erkennen, sondern auch als Antriebskräfte zu einem intensiveren und bewußteren Leben. Das alles bedeutet, das Geheimnis des Geschöpf-Seins durchzukosten, Absolutes zu ersehen und gleichzeitig in der eigenen Beschränktheit sich verstrickt zu finden. Es eröffnen sich verschiedene Fluchtwege, um dem

Leid der inneren Konflikthaftigkeit auszuweichen: möglichst wenig über sich selbst nachzudenken, auch guten Beweggründen gegenüber nicht kritisch zu sein, das eigene Idealbild auch schon für das gelebte Realbild zu halten. Neben solchen naiven Harmonisierungsversuchen zu einem positiven Auskommen steht schließlich der selbstzerstörerische Ausweg zu einer negativen Einheit der Persönlichkeit offen: Was nicht erreichbar ist, soll wenigstens zerstört werden. Man verkehrt ins Gegenteil, was man einst erstrebte und liebte. Unbequeme Ideale werden entwertet, sie beunruhigen dann nicht mehr – aber man findet sich wieder in einer Ekelwelt ohne Sinn. Wer aber sich selbst anzunehmen versucht, findet nicht eine heile Welt vor – aber eine Welt «auf Hoffnung hin».

3. Selbstverwirklichung führt zur *Annahme des Mitmenschen*. Wer die eigene Widersprüchlichkeit kennt, erlaubt es dem Mitmenschen, seinerseits auch eine «Rechnung zu sein, die nicht aufgeht» – anders ausgedrückt – nicht berechenbar und deswegen auch nicht beherrschbar zu sein. Der andere wird akzeptiert in seinem Anderssein und in seinen Ähnlichkeiten. Wir wissen aber, daß von dem grundsätzlichen Bejahen bis zu dem tatsächlichen Akzeptieren des Mitmenschen in den Alltagssituationen ein Entwicklungsweg voller Schmerzen ist. Hinter der Faszination des Anfangs wartet bereits die Enttäuschung, die so leicht nur dem andern angelastet wird. Die Tiefenpsychologie hat hilfreiche Einsichten erarbeitet, um die eigenen Projektionen auf den andern erkennen zu lernen und sie bis zu einem gewissen Grade auch zurücknehmen zu können. Eigene verleugnete Seelenanteile können sich in fast zwangshaften Wunschbild- oder Schreckbilderlebnissen auf der Projektionsfläche des Mit-

menschen entladen. Wer sich selbst noch sehr unkritisch gegenübersteht, seinen eigenen «Schatten», das heißt, die schwache Seite seiner Persönlichkeit noch zu wenig kennt und vor allem auch noch nicht bejaht, unterliegt in besonderem Maße den Projektionszwängen der Faszination wie der Opposition. In der Faszination wird ein überforderndes Wunschbild auf den andern gestülpt. Er kann zum Idol, zum Götzen gemacht werden, dem man hörig wird. Anderseits entstehen Haß und Ablehnung, wenn die Faszinationszeit vorüber ist, es sei denn, man ringt sich schrittweise zu einem realeren Erfassen seiner selbst und des andern durch. Tiefgehende Opposition dämonisiert den Mitmenschen, unterschiebt ihm niedrige Absichten; durch diesen Entwertungsmechanismus versucht man die eigene Angst vor der Begegnung mit dem andern zu verringern. Abwertungszwänge kommen nicht nur Einzelmenschen gegenüber in ein übles Spiel, auch ganze Menschengruppen können in die Sündenbockrolle gedrängt werden. Das Fremde, das Andersartige macht Angst. Wer hingegen sich selbst verwirklicht, fühlt sich nicht unterschwellig immer wieder durch den andern angegriffen; er empfindet auch weniger Angst, in der Begegnung mit dem andern sich selbst zu verlieren.

Das volle Annehmen des Mitmenschen schließt nicht nur alle Erfahrungen, die man mit ihm gemacht hat, ein. Wer Selbstverwirklichung als dauernden Entwicklungsprozeß auffaßt, mutet auch dem andern die Möglichkeit zur Veränderung zu. Wenn wir den *Mitmenschen als Werdenden* zu erfassen versuchen, fällt es uns leichter, zu momentanen gegenseitigen Schwierigkeiten Abstand zu gewinnen, uns nicht erbittern zu lassen. Durch das äußere Erscheinungsbild hindurch, das vielleicht durch entwicklungsbedingte Krisen negativ belastet ist, erahnen wir trotz allem bereits das noch nicht gelebte Gute. Allzuoft erdrücken wir leider den andern durch unsere Ungeduld. Wir lassen ihn nicht zu sich selbst kommen, weil wir im geheimen überzeugt sind, schon zu wissen, wie er sich ändern müßte. Die Etikette der Einschätzung und der Forderung ist schon längst bereit; denn wir haben uns ein ganz bestimmtes «Bildnis gemacht», wie er sei und vor allem, wie er sein sollte. Unser Vorurteil wirkt als Einengung und Vergewaltigung auf ihn. Menschen mit schwächerem Selbstbewußtsein werden so seelisch abgewürgt. In innerer Verwirrung sehen sie ihre echten Entfaltungsmöglichkeiten nicht mehr. Zweifel zerfrißt den Rest des Selbstvertrauens.

Diese Tragik findet sich in mancher Ehe, im Verhältnis von Eltern zu Kindern, im kollegialen Zusammenleben im Beruf, in verwandtschaftlichen und freundschaftlichen Beziehungen. – Echte Nähe lebt aber von gegenseitigem Respekt vor dem Geheimnis der Persönlichkeit und von der Hoffnung, daß ein jeder getragen ist von einer göttlichen Schöpferkraft – auch durch alles Versagen hindurch. «Den andern bestätigen», wie Martin Buber es fordert, bedeutet ja sagen zu seiner Entfaltung, auch wenn sie nicht dem eigenen Wunschbild entspricht. Das Wesensbild des andern als göttliches Geheimnis im Menschen müßte uns hellsichtig und großzügig machen und unsere Bereitschaft zum Dienst erwecken, einem Dienst ohne Aufdringlichkeit und Selbstüberhebung; denn ein jeder bedarf eines Gegenübers, um sich selbst verwirklichen zu können.

4. Selbstverwirklichung ist nur möglich in der Grundhaltung der *Freiheit*. Das Tier lebt aus einem innern Instinktzwang heraus; dem Menschen aber ist es aufgegeben, sich

selbst zu suchen, immer mehr aus der eigenen Tiefe heraus zu leben in echter freier Entscheidung. Keiner ist von vornherein frei, aber er kann es werden. Wohl bestimmen viele Schicksalsfaktoren unser Dasein: Keiner kann seine Körperstruktur und die biologischen Abläufe bestimmen. Vitalität, Temperament, Begabung sind großenteils genetisch bedingt. Die soziale Anfangslage ist durch die Eltern, die man nicht auswählen konnte, vorgegeben. Man wird hineingeboren in einen bestimmten Kulturkreis mit einem mehr oder weniger hohen Niveau, in eine bestimmte soziale Schicht. Vor allem erfährt man, bewußt oder unbewußt, die Auswirkungen des herrschenden Zeitgeistes, der bis in die differenziertesten Handlungsabläufe hineinwirkt. Oft meinen wir, überzeitliche Weite in unserem Leben zu verwirklichen, wo es sich nur um die Ausführung zeitbedingter Rollenmuster handelt. So besehen, scheint der Mensch zu einem «Zwangsschicksal» verurteilt zu sein, und doch spürt er in sich selbst die Forderung, sich mit den Schicksalsgegebenheiten auseinanderzusetzen, das Zwangsschicksal in ein «Wahlschicksal» zu verwandeln, sein Dasein selbst zu gestalten. Niemand kann uns letztlich die Schuld eines verpaßten Lebens abnehmen.

Selbstverwirklichung bedeutet ein Sich-Befreien von inneren und äußeren Zwängen, zu leben und nicht nur gelebt zu werden. Konkret mag dies heißen: die Triebe und Antriebe nicht unklug zu unterdrücken oder hemmungslos austoben zu lassen, sondern ihnen durch eigenen Entscheid Ziel und Maß zu setzen. In diesem Sinn versteht Aristoteles den Menschen als Wagenlenker, der seine Pferde so zu zügeln weiß, daß sie ihm dienstbar sind.

Sich-Befreien heißt auch, eine infantile Über-Ich-Moral überwinden durch ein kritisches Durchleuchten der Normen, die Erziehung und Gesellschaft als Gebote und Verbote aufgestellt haben. Der Weg zu einem persönlichen Gewissen ist begleitet vom Erlebnis der Unsicherheit und Angst. So ist es verständlich, daß mancher auf größere Freiheit verzichtet. Seine Sicherheit ist ihm wertvoller. In den gängigen Rollen- und Wertmustern der momentanen Gesellschaft kann man sich das Abenteuer des eigenen Denkens ersparen. Man braucht sich nur dem Gruppendruck zum Konformismus oder zum Nonkonformismus zu unterwerfen und im richtigen Moment wieder die Modemeinung zu wechseln. Was «man» tut und denkt, macht selten Schwierigkeiten. Der Preis ist jedoch teuer bezahlt: Mangelnde Selbstachtung, Verlust der Kreativität, Selbstverrat, der das Selbstvertrauen von innen her untergräbt. Riesmann spricht in «Die einsame Masse» vom außengelenkten Menschen, der wie ein Radarschirm nur noch die Signale der Außenwelt aufnimmt und sich je nach Erfolg oder Mißerfolg entsprechend reaktiv verhält. Auf diese Weise lebt der Mensch nicht mehr seine eigene Wahrheit. Er ist zum Spielball geworden, der hin- und hergeworfen wird. Er saust vielleicht mit großer Betriebsamkeit an der Peripherie des Daseins herum. Zum eigenen Selbst, zum Kern seiner Person hat er jedoch den Weg verloren.

Der freie Mensch lebt aus dem Zentrum heraus, aus der schöpferischen Mitte entdeckt er neue Ziele, Geist und Herz sind offen für die Fülle des Lebens. Er unterscheidet, was wichtig und unwichtig ist für ihn selbst, was zu tun und zu lassen sei. Mit ruhiger Selbstverständlichkeit steht er zu seiner Verantwortung. Auch der Mitmensch ist mit seinen Rechten im eigenen Lebensvollzug miteinbezogen. Darum werden auch die Schranken der eigenen Selbstverwirklichung respektiert, ohne sich vorschnell dem Wunschdenken der Umgebung anzupassen. Die nicht leicht zu beantwortende Frage: Wo beginnen die Rechte des anderen, wo hören meine Rechte auf? wird mit allem Ernst überdacht. Zurückstehen, Sich-Durchsetzen oder ein beidseitiger Kompromiß kann die Antwort auf diese Fragen sein.

5. Selbstverwirklichung führt zu einer immer größern *Identität* mit dem eigenen Wesensgrund. Je mehr wir versuchen, unsere Empfindungen und unseren Willen mit der zentralen Mitte unserer Person zu konfrontieren, desto mehr dürfte das zunehmen, was als *Echtheit* der Persönlichkeit bezeichnet wird. Unsere eigene innere Seinswahrheit beginnt leise aufzustrahlen durch alle Hüllen des äußern Scheins hindurch. Masken sind nicht mehr nötig. Weder uns selbst noch der Umwelt brauchten wir etwas vorzumachen. Viele Ängste verschwinden. Aus unserem Inneren strömt uns die Kraft zu, Mut zum Wagnis. Dort ist der archimedische Punkt, von dem aus «die Welt sich aus den Angeln heben» läßt.
Von einem solchen Menschen geht eine befreiende Wirkung aus. Niemand muß Angst haben, von ihm durch Schmeichelei oder Heuchelei umgarnt und mißbraucht zu werden. Wer wahr ist, hat auch Mut, den andern zur eigenen Wahrheit zu verhelfen. Die wahre Liebe ist nicht sentimental, sie wagt auch Unangenehmes zu sagen, dort, wo es gefordert ist. So wird sie auch zur Selbstverwirklichung des anderen dienstbar. «Die Wahrheit wird euch frei machen» – diese Verheißung wird zur beglückenden Erfahrung. Damit ist kein oberflächliches Glück gemeint, sondern ein letzter tiefer Friede, der auch in Konfliktsituationen, in Leid und Not trägt.
Wenn Jung das Selbst als zentrale übergeordnete Instanz des

Seelenlebens begreift, als Ursprung und Ziel zugleich, so spricht er auf ähnliche Weise das aus, was Mystiker aller Religionen als das Göttliche im Menschen erlebt haben. Das Selbst als «Immanentes Gottesbild» erscheint in Symbolen, die auf eine innerste Mitte hinweisen, wie das Rad von Bruder Klaus, die Seelenburg einer Theresia von Avila, die Lotosblüte Buddhas, die Paradiesesrose bei Dante.
Selbstverwirklichung heißt dann, in der personalen Wesenstiefe dem Göttlichen begegnen und die eigenen Dimensionen weiten:

> Mensch, was du liebst,
> in das wirst du verwandelt werden.
> Erde – liebst du Erden,
> Gott – liebst du Gott.
> (Angelus Silesius: «Cherubinischer Wandersmann»)

II. Sich selber finden – Ein komplexer Prozeß

Will man den Prozeß des Sich-selber-Findens einigermaßen verstehen und auch dem sich ständig entwickelnden Mitmenschen dabei gerecht werden, so darf man nie von einem einzigen Blickwinkel her denken. Wir Menschen sind zu komplexe Wesen, als daß wir auf eine einzige leicht faßbare Formel gebracht werden könnten. Wir sind Körper und Seele, Trieb und Geist, Innenleben und Außenwelt, Bewußtes und Unbewußtes, Freiheit und Zwang, Vergangenheitsabhängigkeit und Zukunftsoffenheit, Individuum und Gemeinschaftswesen. Dies sind nur einige der Spannungsfelder, in denen wir uns tagtäglich befinden. Wenn einer sagt: «Ich bin eben so…» müßte gleichzeitig differenziert werden «Unter welchen Bedingungen ist er so… bin ich so…? Wie könnte ich mich verändern? Kann ich die Entwicklungsbedingungen des andern positiv beeinflussen helfen? Wann heißt es warten – wann drängt sich eine Entscheidung auf?»
Der Entwicklungsprozeß eines Menschen wird von den meisten Wissenschaftlern als komplexer Vorgang gesehen. William Stern sagte 1914: «Seelische Entwicklung ist nicht ein bloßes Hervortretenlassen angeborener Eigenschaften, aber auch nicht ein bloßes Empfangen äußerer Einwirkungen, sondern das Ergebnis einer Konvergenz innerer Angelegtheiten mit äußern Entwicklungsbedingungen.» Neuere Entwicklungspsychologen betonen neben vererbten *Anlagen* und äußern *Umwelteinflüssen,* zu denen auch die Erzie-

hung gehört, wieder vermehrt die *Selbststeuerung* des Menschen. Was der einzelne aus seinen Schicksalsfaktoren macht, ist entscheidend. Er ist nicht nur eine programmierbare Maschine, die durch einmal festgelegte Gesetzmäßigkeiten funktioniert.

Man hat sich jahrelang gestritten, welche Faktoren von größerer Bedeutung seien. Zu Beginn unseres Jahrhunderts maß man der *Vererbung* das Hauptgewicht zu. Lombroso stellte sogar die Theorie des «geborenen Verbrechers» auf. Als Beweise dienten Ergebnisse der Familienforschung. Wie dürftig diese Beweisführung war, geht schon aus dem Umstand hervor, daß der familiäre Einfluß keineswegs auf die Erbfaktoren reduziert werden kann, sondern auch als Milieueinwirkung gesehen werden muß. Einen lebendigen Gegenbeweis für nicht vererbbare Kriminalität lieferten Don Bosco und Flanagan, die Kinder aus kriminellen Familien zu lebenstüchtigen Menschen erzogen.

Was der heutigen Erbforschung standhält und vor allem durch neurophysiologische und biochemische Ergebnisse untermauert wird, sind Erbfaktoren wie Körperkonstitution, Haar- und Augenfarbe, Hautbeschaffenheit, Stärke oder Schwäche gewisser Funktionsabläufe wie Bewegung, Seh- und Hörschärfe, Anfälligkeit für gewisse Krankheiten. Selbst im körperlichen Sektor spielt sich die Entwicklung nicht automatisch ab, da wir stets auch unter dem Einfluß unseres Gemütes, unseres Denkens und Strebens und der äußern Umwelt stehen. So muß z. B. die Körpergröße der heutigen Jugend als Folge einer veränderten Umwelt betrachtet werden: vitaminreiche Ernährung, Hetze und Reizüberflutung sind nur einige Erklärungsversuche zur Akzeleration. Die Kleinkindforschung zeigt, daß normal veranlagte Kinder sogar körperlich schwer geschädigt werden können, wenn sie keine Zärtlichkeit erhalten: das Wachstum bleibt zurück, die Verdauung zeigt Störungen, die Lall- und Sprechmotorik ermattet.

Im seelisch-geistigen Bereich ist es sehr schwierig, von Anlagefaktoren zu sprechen, da das Moment der Freiheit und der Umwelt noch mehr ins Spiel kommt. Nach Pfahler wären als genetisch bedingt anzunehmen:

1. unsere Vitalität, die Summe unserer Lebensenergie, die wir wohl meistens unterschätzen;

2. unser Temperament, die Art unserer dominierenden Stimmungslage, unserer gemüthaften ersten Naturreaktion auf äußere oder innere Ereignisse: ob wir gefühlsgeladen oder mehr nüchtern registrieren, ob wir mehr zu heitern oder dunkeln Gefühlen neigen;

3. unsere Aufmerksamkeit, ob wir mehr offen sind für das Neue, ob dynamisch – oder mehr beharrend und bewahrend.

Die alte Intelligenzforschung betrachtet den Grad und die Art der Begabung als erblich vorgegeben. Adolf Portmann und andere Wissenschafter wiesen nach, daß bei den Extremwerten der Hochbegabung und der Geistesschwäche der Umwelteinfluß am geringsten ist, während hingegen im Mittelfeld der guten bis zur durchschnittlichen Begabung eine große Abhängigkeit zur Umwelt besteht. Intelligenz wird heute als sehr veränderliche Größe gewertet; man kann sie als den momentanen Grad der entwickelten Begabung verstehen.

In den letzten Jahrzehnten wurde der *Umwelt* größte Bedeutung für den Entwicklungsgang zugesprochen. Fast alarmierend wirkten die Forschungsergebnisse Newmans: Zwei eineiige Zwillinge, also Kinder mit der genau gleichen

Erbstruktur, wuchsen als Pflegekinder in geistig ganz verschiedenem Milieu auf. Das Ergebnis war ein großer Intelligenzunterschied: Das eine Kind zeigte sich sehr initiativ und geistig interessiert, während das andere fast als debil eingestuft werden mußte. Das Begabungspotential war bei diesem Kind fast verkümmert, während das andere sich durch eine geistig offene Umwelt mit vielen Anregungen gut entwickelt hatte. Dieses erschütternde Ergebnis müßte allen Erziehern, besonders den Eltern, zu denken geben. Wie sehr ist das Kind vom lebendigen und anregenden Kontakt abhängig, nicht nur für die Entwicklung seiner intellektuellen Dispositionen, besonders der Sprachfähigkeit, sondern auch für die ebenso wichtige Grundhaltung des Vertrauens. Der Individualpsychologe Adler spricht von *Lebensleitlinien,* die sich in der Auseinandersetzung mit der Umwelt als Grundzüge des Charakters zu entwickeln beginnen.

So kann ein Kind bereits ein recht düsteres Weltbild haben, weil es sich von der Familie nicht angenommen fühlt oder weil das seelische Familienklima von ihm als bedrohlich erlebt wird. «Die Welt ist böse – ich muß sie fliehen»: es flüchtet in Hemmungen und Überängstlichkeiten. «Die Welt ist gefährlich – ich muß mich vorsehen»: so kann sich ein zwangshaftes Sicherungsstreben aufbauen, mit dem man auch im späteren Leben die nötigen Wagnisse flieht, unter Umständen verbunden mit Tendenzen zur Schlauheit und Berechnung. «Die Welt ist gemein – ich muß sie bekämpfen»: Ein vitalstarkes Kind bleibt aus diesem Grunderlebnis im Trotz fixiert, es empfindet seine Racheakte anderen gegenüber als gerechten Ausgleich der erlittenen Frustrationen; diese Kampfhaltung kann zum Querulantentum, zu einem fanatischen Gerechtigkeitsstreben ausarten. «Die Welt ist mangelhaft – ich muß sie ändern»: Frühreife und begabte Kinder und Jugendliche leiden, oft mehr als Erwachsene ahnen, an der Brüchigkeit und dem falschen Schein dieser Welt. Vielleicht bricht eines Tages ein gesundes, aufbauendes Sendungsbewußtsein durch, das sich später in sozialem, politischem, religiösem Einsatz Bahn schafft; tragischerweise zerbricht aber auch mancher junge Mensch am Unverständnis der Umwelt und ergreift eine selbstzerstörerische Flucht in eine Traumwelt der Drogen oder anderer Süchte. – «Die Welt ist interessant – ich will sie erobern»: Lebensfreude und Lebensmut lassen auf eine gesunde Selbstwerdung hoffen in der Auseinandersetzung mit einer Welt, die ihre wahren Güter nur dem Mutigen schenkt. – «Die Welt ist schön – ich will sie genießen»: Wäre dies die beherrschende Grundhaltung zum Leben, so drückte sich hier ein infantil gebliebenes Wunschdenken aus; eine verwöhnende Erziehung kann eine Schlaraffenland-Mentalität erzeugen, die den Menschen zum seelischen und materiellen Parasiten entarten läßt.

Eine Reihe von Entwicklungspsychologen betrachten die Selbstwerdung des Menschen weniger vom Zusammenspiel der Faktoren her als unter dem Gesichtspunkt der verschiedenen Prozesse.

Nach Remplein läßt sich Entwicklung verstehen als ein *fortschreitender Prozeß*, der unumkehrbar ist: nichts Gewordenes kann einfach ausgelöscht werden. Alles Werden baut auf dem Vorangegangenen auf. Innere Gesetzmäßigkeiten führen zu Veränderungen, die um so leichter berechenbar sind, je mehr sie sich nur auf körperliche Phänomene beziehen. So verläuft z. B. das Wachstum des Embryos in der Reihenfolge vom Kopf bis zu den Füßen und von der Mitte des Körpers nach außen. Jedes Kind lernt zuerst kriechen und dann gehen. Aus einfachen Bewegungen differenzieren sich kompliziertere aus. *Differenzierung, Verfeinerung, Ausfächerung* in verschiedene Möglichkeiten lassen sich auch im Gemütsleben feststellen: Die ursprünglich reinen Lust- und Unlustgefühle des Säuglings falten sich aus in Staunen, Entzücken, Begeisterung, in Angst, Trotz, Verlassenheits- und Geborgenheitsempfinden, in Sympathie und Antipathie, in Selbstvertrauen und Minderwertigkeitsgefühle, in Erfolgsfreude und Scham bei Versagen.

Verfeinerung zeigt sich auch in einer gesunden Denkentwicklung: Das anfänglich ganzheitliche Erfassen wird exakter, nimmt zunehmend auch Details wahr. Wichtiges wird von Unwichtigem unterschieden, Ursachen werden nicht mehr nur auf einen einzigen Faktor zurückgeführt. Pauschalurteile über Dinge und Menschen treten zurück, nichts ist mehr nur gut oder nur böse. Auch das eigene Denken und Handeln wird kritisch betrachtet.

Die Differenzierung im Streben führt vom bloß triebgesteuerten Impuls zum klar überlegten Entscheid. Die primitiven Motivationen des Lebensanfangs gehen nicht verloren, sie sind ja zur Selbsterhaltung notwendig: Essen, Trinken, Schlafen werden durch höhere Bedürfnisse ergänzt. Nach Maslow ist dies das Bedürfnis nach Sicherheit, Geborgenheit, Geltung und Selbstverwirklichung. Es wäre zu ergänzen durch das Grundbedürfnis nach Transzendenz, dem Über-sich-Hinausstreben, durch den Zug zum Absoluten. Höhere Bedürfnisse können auf die Dauer nur bestehen und sich weiterentwickeln, wenn die niedrigen erfüllt sind. So kann ein junger Mensch nur echten Einsatz zur Selbstverwirklichung leisten, wenn er durch positive Geltungserlebnisse in der Selbstachtung bestärkt worden ist. Er ist auch nur interessiert, bei jemandem zu gelten, wenn er Geborgenheit und Liebe bereits von einer Seite erfahren hat.

Reine Differenzierung führte zu einer Aufspaltung und zu einem Sich-Verlieren in Details. Darum setzt gleichzeitig auch ein entgegengesetzter Prozeß ein: die *Koordination*. Die zuerst unkoordinierten Bewegungen des Kleinkindes ordnen sich einander zu, weil das Nervensystem von verschiedenen Zentralen aus die Steuerung übernimmt. Die Teilzentralen ordnen sich der Hauptzentrale unter. Im Zusammenspiel der vereinzelten Kräfte kommt es zur Integration des Erlebens: Antriebe, Gefühle und Denken laufen nicht isoliert, sondern finden sich zur gegenseitigen Auseinandersetzung zusammen. Der Mensch auf dem Weg zur Selbstwerdung entwickelt eine Art Synthese, eine Rangordnung: Antriebe und Gefühle nimmt er wahr, aber sie zwingen ihn nicht mehr. Er prüft sie und entscheidet dann.

Im gesamten Erleben bildet sich allmählich eine gewisse Ordnung aus. So entstehen *Strukturen* des Denkens, des Fühlens, des Strebens. Wer einen Menschen gut kennt, kann für gewisse Situationen dessen Reaktionen mehr oder weniger voraussagen. Er kennt seine Lieblingsideen, seine Vorurteile, seine Gefühlsansprechbarkeit wie seine Gefühlsbarrieren und die möglichen Entladungen. Ein gewisser *Handlungsstil* prägt sich aus: Mehr zögernd-abwägend oder impulsiv-drauflosstürmend. Man weiß auch, wieweit Versprechen als verpflichtend gewertet werden können. Kurz, man kennt – oder glaubt den Charakter des anderen zu kennen.

Über längere Zeitabschnitte scheint der Charakter eines Menschen sich gleich zu bleiben. In den großen *Umbruchzeiten,* in der Pubertät und in den Wechseljahren, kann es zu plötzlichen oder zu relativ raschen Charakterveränderungen kommen. Dies kann positiv oder negativ erlebt werden. Der früher so stille ruhige Beamte fängt nun an, sich auch aggressiv zur Wehr zu setzen, er «schluckt nicht mehr alles». Die bescheidene Hausfrau, die bis jetzt nur Hingabe lebte, sieht auf einmal eigene, bisher vernachlässigte Rechte: sie gibt das mädchenhafte Geführtwerden auf und sucht in erwachsener eigener Verantwortung Ziele zu verwirklichen. Der erfolgreiche Karrieremensch entdeckt eine innere Leere und spürt, wieviel kostbare Menschlichkeit er dem äußern Betrieb geopfert hat. Der dürre Intellektuelle erfährt nach langen Jahren einseitigen Lebens, daß auch seine Gefühle gelebt sein wollen. Sie brechen vielleicht in primitiver Weise durch, überschwemmen ihn: in einer Art Gegenlauf hat das ungelebte Leben sich Bahn gebrochen.

Heute wird der Prozeß des Werdens auch verglichen mit einem «*Fließ*gleichgewicht»: *Aufbau- und Abbauprozesse* folgen sich wechselnd, oft sind sie unentwirrbar ineinander verwoben.

Stirb und werde! Dieses Gesetz eines unaufhörlichen Wandels stellt für den Menschen auf dem Weg der Selbstwerdung eine hohe und oft schmerzliche Anforderung dar. Die biologischen Aufbau- und Abbauprozesse vollziehen sich ohne unser bewußtes Zutun aus dem rein naturbedingten Selbstregulationsmechanismus heraus; sie können höchstens medizinisch erleichtert werden.

Die seelische Umwandlung hingegen geschieht in allen Zeiten des Lebens: Was erworben wird an Einstellungen, an geistigen Errungenschaften durch Erfahrung und Bildung, an seelischen Bindungen, beglückt und erfüllt das Dasein. Der Mensch fühlt sich gleichsam sicher im Besitz des zum Teil Selbsterworbenen und des Geschenkten. Am liebsten möchte er zum Augenblick sagen: «Verweile doch, du bist so schön!» wie Faust am Ende seines ruhelosen aber reichen Lebens. – Es gibt aber kein Festhalten des Augenblicks auf dieser Erde, kein einmaliges Erreichen von Lebenszielen. In Stunden fühlbarer Beglückung beginnt schon wieder der Abschied. Das bisher Erreichte zerfällt mit langsamer, aber stetiger Dynamik, oft merken wir sein Entgleiten erst, wenn wir schon ein Stück weit den neuen Weg gegangen sind. Das Neue, das Kommende ist noch ungewiß – aber wir müssen es trotzdem wagen.

Jede *Krise* trägt ein geheimnisvolles Janusgesicht. Janus, der Gott der Zeit, blickt mit dem einen Gesicht nach rückwärts: Im Erleben von uns selbst erfahren wir unsere inneren Wachstumskrisen im Blick auf die Vergangenheit als Verlust, als Preisgabe. Nach dem Wortsinn besagt «Krise» «*Reinigung*». Also ein notwendiges Fallen-Lassen, ein Durchbrechen von Verkrustungen, ein Sprengen alter Panzer, ein Reinigen von bisherigen Sicherheiten, die sonst zu Fesseln geworden wären. Das andere Gesicht des Janus schaut nach vorwärts, in die Zukunft, ins Ungewisse. Je feinfühliger der Mensch ist, desto bewußter erlebt er das Bedrohliche des Neuen, des noch nicht gefestigten und ungesicherten kommenden Lebens. Es mutet ihn – im Vergleich zu der so schön geordneten Vergangenheit – eher wie ein Chaos an, das ihn verschlingen könnte. Trotzdem fühlt er den Auftrag, wie jener Märchenheld, «auszuziehen, das Fürchten zu lernen». Vielleicht liegt gerade in diesem Märchensymbol einer der entscheidenden Punkte, ob unsere Selbstwerdung gelingt oder nicht: Angst-Haben kennen wir von Kind auf. Uns jedoch der Angst stellen, das Abenteuer wagen, dies fordert Mut, ja, es weckt erst den Mut.

Nach einem zweiten Wortsinn heißt «Krise» «*Scheidung,*

Unterscheidung, Entscheidung». In vielen Märchen und Mythen muß der Held Rätsel lösen, also klug unterscheiden lernen. Er kommt an Scheidewege, wie Herkules, und muß abwägen, ob er den leichtern, bequemen, oder den schwierigeren Weg wählen will, der von der Verheißung der Götter begleitet ist.

In den Märchen der meisten Völker sind dem Menschen drei Aufgaben gestellt, die an Schwierigkeit zunehmen. Oft erscheint auch die kosmische Zahl Sieben oder die Neun (als dreimal drei). Auch darin symbolisiert sich ein Gesetz der Selbstwerdung: Jede Reifungsstufe baut auf der vorangegangenen auf. Wie durch einen geheimen Plan werden wir Menschen vorbereitet auf das Kommende: Es wird uns noch mehr abverlangt – aber im Innersten auch mehr geschenkt werden. Dies ist uns in gewissem Sinne verständlich für die erste Lebenshälfte, die im Normalfall von außen gesehen als Ausweitung des Lebensradius erscheint: Leistungskraft und Erfolg nehmen zu, der Freundeskreis weitet sich, das soziale Engagement in Familie und Öffentlichkeit nimmt größere Gestalt an.

In der zweiten Lebenshälfte meldet sich körperlich eine absteigende Linie an. Der unreife Mensche steht wie gebannt vor dem beginnenden Abnehmen seiner Kräfte, flüchtet in übergroße Sorge um die körperliche Gesundheit und müht sich krampfhaft um Jugendlichkeit, bis dann doch die Realität des beginnenden Alters durchbricht. Wer innerlich leer geblieben ist, sich an der Oberfläche vertan hat, der erlebt auch seelisch nur einen zunehmenden Abbau und trauert dem Verlorenen nach. Anders der lebensoffene Mensch: Die äußeren notwendigen Einschränkungen, die Schwächung der früheren Körperkräfte legen ihm ein Zurücktreten nahe, das aber gleichzeitig auch eine größere

Wendung nach innen hin bedeutet. Geistig und seelisch erfährt er eine Umorientierung zum Wesentlichen. Der sich nähernde Tod macht das Leben kostbar.

Als die wichtigste Gesetzmäßigkeit der Selbstwerdung und als ihre Voraussetzung, ist die Zielgerichtetheit der Lebensenergie zu betrachten. Daß ein *Zielbild,* eine *Entelechie,* jedem Lebewesen vorgegeben ist, war schon eine These von Aristoteles. Die Vitalisten, besonders Driesch, haben ein tragendes Lebensprinzip auch bei Pflanzen und Tieren angenommen, das bis zu einem gewissen Grade auch Umorientierungen im Werdeprozeß veranlassen kann. In der Natur ohne Bewußtsein setzt sich die Entelechie durch, sofern nicht die Umwelt das Leben überhaupt verhindert. Das Tier wird ganz Tier, die Pflanze wird ganz Pflanze.

Der mit Bewußtsein begabte Mensch dagegen wird nur von der Entelechie angetrieben, nicht aber gezwungen. Je mehr er auf sich selbst hört, desto mehr spürt er seinen eigenen Wesensentwurf. Läßt er seine eigene Wahrheit zum Leben kommen, so empfindet er im Innersten eine Zustimmung, die sich auch in körperlicher Gelöstheit und Entspanntheit kundtut. Die Entelechie begegnet uns symbolhaft in Träumen, bestätigend oder mahnend auch im Gewissen, sie läßt sich nicht ungestraft überhören und verdrängen. Wer sich Ziele setzt, die nicht zum eigenen Wesen passen, wirft die innere seelische und körperliche Ordnung durcheinander. Die Natur setzt sich zur Wehr und entwickelt neurotische Signale, die der Einzelne um so rascher spürt, je aufrichtiger er gegenüber sich selbst ist. Adler spricht vom Arrangement des Unbewußten, das dem Menschen durch Störungen zu Hilfe kommt, oft entgegen seinem bewußten Streben.

Die Frage stellt sich: *Wie gehen wir mit diesen Störungen um?*

Horchen wir auf unsere Natur? Gehorchen wir schließlich unserem eigentlichen innern Werdedrang? Oder übertönen wir z. B. die Signale mit Schlaftabletten, mit Psychopharmaka (sie können für eine intensive Krisenzeit zur Überbrückung notwendig sein, sie bekämpfen aber nur Symptome). Die wahre Heilung könnte aus einer Umorientierung des eigenen Wollens kommen. Das kann konkret heißen:
– Eigenen Wunschbildern den Abschied geben und sich dort verwirklichen, wo noch viele ungenützte Chancen liegen.
– Die Fähigkeit, Beziehungen aufzubauen, sich von Vorurteilen und Hemmungen befreien, die Initiative ergreifen, selbst den ersten Schritt tun.
– Die beruflichen Ziele realitätsgerechter abstecken: für die einen könnte dies bedeuten: Weiterbildung zu einem anspruchsvolleren Beruf, auch im vorgerückten Alter noch einen Berufswechsel wagen; für andere vielleicht: Verzichten auf eine Berufskarriere, durch die bisher das Schönste und Tiefste im Leben zu kurz gekommen ist. Weniger Geld verdienen, dafür aber mehr Zeit und Kraft für menschliche Beziehungen aufbringen.
– Verantwortung auch in einem größeren Kreis wahrnehmen, nicht mehr in der egoistischen Idylle eines wohlbehüteten Familientreibhauses vor der Not und der Chance der Welt die Augen verschließen.
Die Fähigkeit zur Bindung und zum Sich-lösen ist Voraussetzung des Selbstwerdungsprozesses. Die Existenz des Kindes beginnt im Ur-Wir, in der Ur-Identität mit der Mutter: Es lebt ihr körperliches Leben mit und wird in unbewußter Weise auch Partizipant ihres seelischen Lebens, so sehr, daß seelische Erregungen der Mutter sich auch auf

das Kind auswirken. Der Drang nach Einssein als tiefes Grundbedürfnis des Menschen geht wohl auf diese Ur-Erfahrung der Identität im Mutterschoß zurück.

Im Laufe der frühen Kindheit zerfällt die Einheit mit der Mutter und der Welt; das Kind beginnt sich als ein eigenes Wesen zu fühlen. Langsam taucht das Ich aus dem Unbewußten auf. Gleichzeitig kommt es zu den ersten Indentifikationen, den Versuchen, sich andern Menschen von innen her anzugleichen: das Kind möchte von Vater und Mutter akzeptiert sein. Später werden auch die Geschwister zu Identifikationsobjekten. Freud hat mit Recht auf die Notwendigkeit des Geliebtwerdens, der Zärtlichkeit als Grunderfahrung hingewiesen. Es wagt sich später nur zu binden, wer einmal in Liebe gebunden war. Fehlendes Ur-Vertrauen bedarf eines lange dauernden Nachholprozesses, zu dem wohl nur große Liebende sich als Partner eignen: ein überfordernder Liebesanspruch geht von Menschen aus, die auch im Erwachsenenalter noch ausschließlich kindliche Erwartungshaltungen des Geliebtwerdens an die Mitwelt stellen und noch nicht zum reifern Sich-selber-Verschenken durchgebrochen sind. Ein jeder kann nur geben, was er selber hat, was er selbst auch ist.

Der Reichtum an Möglichkeiten seelischer Entwicklung nimmt zu mit den *Begegnungen,* die das Kind, der Jugendliche und der Erwachsene erleben. Vorgelebtes Menschsein kann gesamthaft oder teilweise als Vorbild akzeptiert werden; es wirkt auch als bewußter und unbewußter Antrieb zur Gegenidentifikation: «Ja nicht wie mein Vater!» – «Nie wie mein Kollege!» In dieser Gegensatzspannung üben auch Leitbilder aus Märchen, Jugend- und Erwachsenenliteratur, aus Film und Werbung eine Wirkung aus, die zur Auseinandersetzung zwingt. Der Pubertierende findet in dieser Konfrontation seine Ich-Form, der Jugendliche entwickelt eine zunehmende Ansprechbarkeit und Bindungsfähigkeit auch für überpersönliche Ideen. Nach einer Phase von unrealistischen Weltverbesserungsplänen brechen manche zu einer kreativen Weltbewältigung durch im sozialen, beruflichen, wirtschaftlichen, politischen oder künstlerischen Bereich. Der Erwachsene aller Altersstufen identifiziert sich mit seiner sozialen Rolle, weiß aber bei gesunder Entwicklung auch den Abstand zu wahren.

Die Identifikation ist eine notwendige Stufe, die zu einem erfüllten Leben führt. Wir dürfen jedoch auf keiner Stufe stehen bleiben, sonst verpassen wir das Leben. Es ist uns aufgegeben, neben dem Wagnis der Bindung auch die Loslösung zu leben. Wir besitzen uns selbst erst dann, wenn wir uns auch zur gegebenen Stunde fallen lassen können.

III. Selbstbewußtsein – Selbstvertrauen

Keinem von uns mangelt es an Erfahrungen. Wir kennen das Hochgefühl eines gehobenen Selbstbewußtseins wie die Abgründe des Minderwertigkeitserlebens bei uns selbst und beim Mitmenschen: Ich bin jemand – und auch das Gegenteil: ich bin niemand!
– Dazu fühle ich mich nicht fähig; die andern behaupten zwar, daß diese Aufgabe mir durchaus angemessen sei. Ich wage mich aber nicht daran.
– Du hast nur zu wenig Selbstbewußtsein. Traue dir doch endlich etwas zu! Du hast doch eine seriöse Ausbildung, besser als viele andere. Benimm dich doch nicht so kompliziert!
– Herr A. strotzt ja vor Selbstbewußtsein. Wenn er zu reden beginnt, wagt niemand zu widersprechen. So möchte ich mich auch durchsetzen können; im entscheidenden Moment wage ich aber nichts zu sagen. Die besten Gedanken kommen mir ohnehin immer erst nachträglich. Man müßte eben schlagfertig sein.
– Frau B. betont ihre Prinzipien. Sie scheint von innen her sicher zu sein. Sie weiß auf alles eine Antwort, eine Art Rezept. Sie muß kaum nach einer Lösung suchen; sie kann sie wie fertige Konserven von ihren moralischen Gestellen herunterholen. Sie ist ohne Zweifel eine äußerst tüchtige Frau, während ich mich mit meiner Unsicherheit abplagen muß.
– Unser Junge ist kaum mehr zu ertragen. Alles weiß er besser. Stets will er im Mittelpunkt sein und alle andern

übertrumpfen. Bei seinen Kameraden blufft er dauernd und spielt den großen Helden, besonders wenn noch Mädchen dabei sind. Haben wir ihn denn so schlecht erzogen?

Kommt tatsächlich innere Kraft zum Ausdruck, wenn jemand vor Selbstbewußtsein strotzt, wenn er auf jede Frage sofort eine fertige Antwort weiß, wenn es ihm gelingt, durch Gespräch und Benehmen die andern mundtot zu machen?
Könnte es nicht auch die Angst sein, von den andern vielleicht nicht für voll genommen zu werden? Von ihnen erdrückt zu werden? Sich selbst zugeben zu müssen, daß man eigene Grenzen hat, die man nicht wahrhaben will?
Bin ich wirklich so seriös informiert, wie die Lautstärke meiner Behauptungen es dartun möchte? Bin ich im Innersten überzeugt, daß ich einen Sachverhalt von allen Seiten her kenne? Hat mir die Angst vor der Wirklichkeit nicht bereits schon Vorurteile beigebracht, die ich jederzeit übernehmen kann? Vorurteile hat jeder Mensch. Es ist nur gut, die Sympathien und Antipathien der andern zu kennen; dann weiß man, was bei ihnen ankommen könnte.
Und wie steht es mit meinem Gefühl der Selbstsicherheit, das ich zur Schau trage? Basiert es auf echten Überzeugungen, die ich selbst gewonnen oder wenigstens kritisch auch durchdacht und erprobt habe? Oder sind es bloß Wunschvorstellungen, die ich in meiner Phantasie bereits für Wirklichkeit halte? – Wie echt sind meine Einwendungen, die nach Bescheidenheit aussehen? Warte ich bei meinem Hinweis auf eigenes Unvermögen, mangelndes Können oder Wissen nicht insgeheim darauf, daß jemand mir das Gegenteil zu beweisen versucht? Erzwinge ich so nicht auf subtile Weise Selbstbestätigung durch die andern? Zudem macht

es sich doch nicht gut, schlicht und einfach ja zu sagen, wenn man für eine Aufgabe gefragt wird! Die anderen sollen spüren, wie kostbar mein Ja zu einem Engagement zu werten ist! Offensichtlich ist unser Selbstbewußtsein eine nicht leicht zu fassende Größe. Oft narrt es uns wie ein Kobold.

Kaum versuchen wir die Realität unseres Selbstbewußtseins zu erfassen, entschlüpft es uns schon wieder und taucht womöglich in der entgegengesetzten Verkleidung auf. Der zuhause demütige «Pantoffelheld» markiert im Geschäft den starken Mann; die pedantische Arbeitsbiene, die für Kollegen und Kolleginnen kein freundliches Wort übrig hat vor zwangsneurotischem Pflichteifer, überbordet von sentimentaler Süße gegenüber Außenstehenden. Vielleicht fällt aber bei einigen Begegnungen die Maske und das wahre Wesen kommt zum Vorschein. Der selbstsichere Bluffer verzichtet auf sein Reklame-Lächeln, er wird ernsthaft, vielleicht wagt er sogar, von seiner Angst zu sprechen und endlich einmal zu weinen. – Der in Depression wie Gelähmte, der sich nichts Positives mehr zuzutrauen schien, schüttelt seine Resignation ab und beginnt wiederum zu hoffen. – Wenn ein kleines Kind mit naiver Selbstverständlichkeit in den eigenen Bannkreis einbricht, öffnet der Verbitterte wenigstens für ein Stündchen Herz und Geist. Die Klatschbase, die sich sonst mit tausend Nichtigkeiten in ihren Worten abmüht, wird plötzlich still, wenn jemand den Mut findet, das konventionelle Plätschern an der Oberfläche einmal zu durchbrechen. Eine Frage – oder auch nur ein Blick – vermag vielleicht die Tiefe anzurühren, etwas Wesentliches zu treffen, einen geheimen Wert ans Tageslicht zu ziehen.

Je undurchdringlicher die Maske eines Menschen ist, desto mehr Liebe und Mut bedarf es, um eine echte Begegnung zu wagen, weil jeder Angst hat vor dem Moment der Entlarvung. Ist es für uns Menschen nicht beschämend, daß das Wort «Person» vom lateinischen «persona», d.h. «Maske» herstammt? Sind wir denn, weil wir Menschen sind, von Natur aus auch Schauspieler? Braucht unser Selbstbewußtsein diesen Schutz, müssen wir uns etwas vorspielen, damit wir scheinbar auch das nötige Selbstvertrauen entwickeln können, um im Lebenskampf zu bestehen? – in der Bibel steht der provozierende Satz: «Omnis homo mendax». (Jeder Mensch ist ein Lügner). Ich gestehe, daß mich dieser Satz jahrelang geärgert hat. Das darf doch nicht wahr sein! Eine solche Behauptung ist zu allgemein, zu absolut. Die Beschäftigung mit der Psychologie, die eigene Selbsterfahrung und die Fremdbeobachtung lehrten mich jedoch, diese harte Wahrheit zu sehen und anzuerkennen. Nicht mehr zu fragen, ob wir Maskenträger sind, sondern: wann und vor wem wir besonders geneigt sind, Theater zu spielen. Diese Frage kann hilfreich sein, wenn wir zu einem echten Selbstbewußtsein, d.h. wenn wir zur innern Wahrheit durchdringen möchten.

Bis jetzt kam ich zum Ergebnis, daß wir nur dort wahr zu sein wagen, wo wir uns angenommen fühlen, also in einer tragenden positiven Beziehung.

In der Beziehungslosigkeit der großen Masse scheint es ebenfalls zunächst leicht zu sein, sich selbst treu zu bleiben. In der Anonymität verschwindet man ohnehin. Man ist dann ein Niemand, verletzt niemanden und wird selbst auch nicht in Frage gestellt. In der glaskalten Distanz des Nebeneinanders geht man aneinander vorbei. Man bleibt unbehelligt, aber auch einsam. In der Einsamkeit können Luftschlösser eines falschen Selbstbewußtseins wuchern: Was hätte ich nicht alles tun können, erreichen können, sein können, wenn das Schicksal nicht so übel mit mir umgegangen wäre! Mein Selbstbewußtsein ist für den Moment gerettet. Umstände sind schuld, nur ich nicht.

Wie steht es mit den Menschen, mit denen wir leben? In der Vertikale bereiten *Vorgesetzte* wie *Untergebene* spezifisch Mühe. In der Beziehung nach oben gewinnt das Selbstbewußtsein eine besondere Färbung. Wie spricht man mit Gleichgestellten in Gegenwart von Autoritätspersonen und wie, wenn man sich unbeobachtet weiß? Vielleicht kann man es sich leisten, einen pubertären Anti-Autoritätskomplex noch zum Explodieren zu bringen; also gibt man sich betont unabhängig, anmaßend oder gelangweilt. So verhalten sich heute manche Schüler gegenüber ihren Lehrern, weil sie meinen, dadurch ihren Kameraden zu imponieren. Lehrer und Eltern fallen öfters auf dieses Verhalten herein und suchen Selbstbestätigung durch billiges Sich-Anbiedern, was natürlich von den Jungen als manipulierbare Schwäche ausgenutzt wird.

Auch der Vorgesetzte hat oft Angst vor seinen Mitarbeitern. Sein Selbstbewußtsein lebt zu einem Teil davon, als Chef anerkannt zu werden. Ganze Batterien von Schaltknöpfen, eine breite Pultfläche, dies sind nur einige Statussymbole, die als Schutz-Rituale für selbstunsichere Chefs erfunden worden sind. – Doch genug der Boshaftigkeiten. Es gibt auch prächtige Chefs, die ihre Verantwortung auf väterliche oder mütterliche Weise zu leben wissen.

Wie steht es um Wahrhaftigkeit und Selbstbewußtsein im Kontakt mit *Kollegen?* Ideale Voraussetzungen dürften klar abgegrenzte Kompetenzen und eine gut funktionierende gegenseitige Information sein, soweit sie für das Wohl des Ganzen notwendig ist. Kollegen mit persönlicher Reife lassen auch die anderen zum Zuge kommen; sie fühlen sich

durch Erfolge anderer nicht bedroht. Die eigene Methode halten sie nicht für das einzig brauchbare Rezept. Sie fühlen sich innerlich so stark, daß sie das Anders-Sein des anderen nicht nur dulden, sondern es auch akzeptieren können.
Menschen mit schwachem Selbstbewußtsein möchten jedoch auf die Mitwelt eine Art Kopier-Zwang ausüben. Sie suchen sich in ihrer innern Schwäche durch den andern gleichsam zu verdoppeln. Um des lieben Friedens willen geben vordergründig manche Mitarbeiter nach, passen sich zähneknirschend an; anderen ist die Selbstachtung mehr wert, sie versuchen es mit sachlicher Diskussion und Humor. Wenn hingegen Neid, Eifersucht und Mißgunst sich eingenistet haben, ist die ganze Atmosphäre vergiftet. Der Rivalitätskampf kann von feinen Gifteleien bis zu böswilligen Verleumdungen gehen.
In der intimsten Beziehung zwischen *Mann und Frau* spielt die Frage des Selbstbewußtseins beider eine dominante Rolle. Heute spricht jedermann von Partnerschaft in der Ehe – aber wie soll sie möglich sein, wenn in gewissen Fällen der Mann noch knabenhaft in der Frau nur die betreuende Mutter sucht? Wahrscheinlich wird sie auf sein Wunschbild-Denken eingehen, ihm das Mann-Sein zu suggerieren versuchen, nicht zu unrecht mit dem unguten Gefühl, ihm etwas vorzuheucheln. – Oder umgekehrt kann das Selbstbewußtsein eines Ehepartners im Laufe der Zeit immer mehr erdrückt werden, wenn der andere direkt oder indirekt stets nur sich selbst durchsetzt. Bald traut sich der unterdrückte Teil keine eigene Initiative mehr zu und gerät in Versuchung, die verweigerten Eigenrechte auf Hintertürchenwegen wenigstens etwas zu leben. Wahrhaftigkeit und Selbstachtung gehen dabei verloren. – Neben den Machtkämpfen spielen in der Partnerschaftsbeziehung auch die

sexuelle Potenz oder Impotenz und die gegenseitigen Besitzverhältnisse eine bedeutende Rolle.

Nach diesen Erfahrungsbildern wollen wir uns der Frage zuwenden: Was heißt eigentlich *Selbstbewußtsein? Wie entwickelt es sich?*

Das Tier hat kein Selbstbewußtsein. Es kann nicht über sich selbst nachdenken. Wohl besitzt es die Fähigkeit zu Sinnesempfindungen und zu Wahrnehmungen, zu Gedächtnis und Lernerfahrungen im Rahmen seiner Instinktschemata. Aber es kann nicht auf sich selbst zurückblicken. Es weiß nicht, daß es lebt.

Der Mensch aber weiß, wenn sein Ich aus dem Meer des Unbewußten aufzutauchen beginnt. Das kleine Kind ist zuerst gänzlich eins mit der Welt, wie es eins war mit der Mutter im Mutterschoße; darum empfindet es auch die ganze Welt, ein jedes Ding als beseelt. Inneres Erleben verlegt es nach außen. Im Märchen erleben wir noch diese Welt, in der der Mensch die Sprache der Bäche, der Tiere versteht, wo Berge von Riesen und das Erdinnere von Zwergen bewohnt ist, wo gute und böse Mächte um den anfänglich törichten Menschen werben.

In der ersten Weltentdeckungsphase erlebt das Kind eine Überfülle von Sinneseindrücken: Riechen, Schmecken, Tasten und erst zunehmend Sehen und Hören. Sein Selbstgefühl registriert die Atmosphäre der Geborgenheit oder der Ablehnung, der Spannung, der Angst. Da es noch ganz offen ist nach außen, haben diese ersten Gefühlserfahrungen prägenden Charakter. Es besitzt ja noch kein Ich, das sich mit der Umwelt auseinandersetzen könnte. Der Urgrund des Gemütes wird so mit Urerfahrungen dunklen oder hellen Charakters erfüllt; später werden sie das erwachende Selbstbewußtsein begleiten, antreibend oder hemmend wirken.

Vor dem Selbstbewußtsein steht im Urgrund das *Selbstgefühl*. Das Bewußtsein läßt sich durch Denkprozesse und Willenseinstellungen umgestalten, Grundgefühle hingegen bedürfen eines langen Heilungsprozesses, wenn sie in früher Kindheit belastet worden sind. Dies kann einer der Erklärungsgründe sein, weswegen selbst leistungstüchtige und beliebte Menschen im tiefsten Inneren kein Selbstvertrauen haben und sich minderwertig vorkommen.

Wenn das Kind beginnt, von sich selbst nicht mehr in der dritten Person zu sprechen, sondern statt «Rita will essen» «Ich will essen» zu sagen, so offenbart es in seiner Sprache, daß es den ersten großen Sprung zum Selbstbewußtsein getan hat. Es probiert seine Eigenmacht aus in Widerstand und in kindlicher Anpassung. Ob Trotz nur ein erziehungsbedingtes Verhalten ist oder doch mit dem Durchbruch des eigenen Selbstbewußtseins erklärt werden kann, darüber ist man sich in der Fachliteratur nicht einig. Manche antiautoritären Pädagogen betrachten den Trotz nur als Reaktion des Kindes auf ein Fehlverhalten der Erzieher, als Antwort auf repressiven Zwang. – Diese Erklärung scheint mir allzu einfach zu sein. Im Widerstand erprobt das Kind notwendigerweise seine Möglichkeiten und seine Grenzen. Durch Trotz erzwingt es auch den Kontakt mit den Eltern, die das sonst «brave» Kind nebst ihrer Arbeit oft zu wenig beachteten. Das Kind kann auch Trotzreaktionen haben, weil z. B. der schwere Schrank sich von ihm nicht schieben läßt, weil es nicht nur von seiten der Menschen, sondern auch von den Dingen her Grenzen seiner Eigenmacht erfährt. In ihrer hilflosen Wut werden Kinder von Erwachsenen oft taktlos ausgelacht. So ist es leicht verständlich, daß sie auch später als Erwachsene nur schwer eine Grenze ruhig akzeptieren können; meistens geraten sie in Aggression oder in depressives Minderwertigkeitsgefühl. Darum ist im Trotzalter das Ermutigen und das Grenzen-erleben-lassen so wichtig für ein gesundes Selbstbewußtsein.

«Ich will selber!» dieses Signal des Kindes dürfte nicht als Angriff gegen die Erzieherautorität gewertet werden. Die Reaktion müßte etwa lauten: «Fein, daß du es schon selbst versuchen willst!» – Es ist jedoch erschütternd, feststellen zu müssen, wie vielen Menschen wohl schon in der frühen Kindheit der seelische Rückgrat gebrochen worden ist.

Das Selbstbewußtsein des Kindes erfährt im Märchenalter eine gewaltige Ausweitung durch die Phantasie. Es kann sich mit den Jüngsten, den Kleinsten und den Schwachen identifizieren und erlebt in ihrem Märchenabenteuerweg symbolhaft den eigenen kommenden Lebensprozeß. Zudem gelingt es ihm, tote Dinge durch die Phantasie in lebendige zu verzaubern. Im Illusionsspiel verarbeitet es in einer Art Selbst-Therapie Kränkungen seines Selbstgefühls und übt sich bereits in mögliche kommende Rollen ein. «Mütterchen», Polizist, Lokführer, Lehrer, in diesen Spielgestalten kräftigt sich das Selbstbewußtsein durch das Erlebnis, Macht und Verantwortung ausüben zu dürfen.

Das Größerwerden und der Eintritt in Kindergarten und Schule wird vom Kind als sehnlich erwartete Selbstbestätigung erfahren, sofern es nicht durch verzärtelnde oder verängstigende Erziehung geschädigt worden ist.

Schule und Kindergarten sind nach dem ursprünglichen Schonraum der Familie nun das erste größere Erprobungsfeld des Selbstbewußtseins. Es gilt Rivalitäten der Kameraden auszuhalten. Kleinere Schüler drohen in Notsituationen oft mit den größeren Geschwistern oder dem starken Vater. Bei gesunder Entwicklung verlassen sie sich jedoch bald auf die eigene Kraft der Muskeln und des Denkens.

Das kindliche Selbstbewußtsein wird durch die geforderte Schulleistung und ihre Bewertung durch Noten vor neue Proben gestellt. Wie weit werden Leistung und Angst vor der Notenbeurteilung gekoppelt? Wie taktvoll geht man auch mit dem versagenden Kind um? Dies sind Schicksalsfragen für die Betroffenen.

Um das 9./10. Lebensjahr treibt das Selbstbewußtsein oft bizarre Blüten. Es scheint, wie wenn die magisch-totemistische[1] Erbschicht im Menschen hier nochmals besonders lebendig würde. Phantasiebegabte Kinder beginnen unter sich eine Geheimsprache zu entwickeln, man trifft sich an geheimen Orten, die nur die Eingeweihten kennen. Talisman und Orakelspiele gewinnen an Bedeutung. Das Selbstbewußtsein wird magisch gestärkt durch das Geheimnis. Geheimbünde werden geschlossen und oft mit Blut besiegelt. Wer in den Bund aufgenommen werden will, muß

---

[1] Nach Haeckel und Stanley Hall wiederholt der einzelne in seiner Entwicklung die Kulturepochen der Menschheit (Psychogenetisches Grundgesetz: Die Ontogenese ist eine rasche Wiederholung der Phylogenese). In der magischen Phase versuchte der noch schwache Mensch sich durch Zauberei und List vor dem Neid der Götter und Dämonen zu schützen und sie durch bestimmte Riten unter seinen Willen zu zwingen.
Das Totem ist das heilige Urtier, von dem der Stamm seine Herkunft ableitet. Sein Bild schmückt die Behausung und ziert den Schild. Einmal im Jahr darf es gejagt werden; beim Totem-Mahl trinkt der Clan sein Blut und empfängt von neuem Kraft durch den Urvater. Totem können auch Pflanzen und bestimmte heilige Bäume sein. In der Frühzeit der Kultur schrieb man auch heiligen Bäumen lebenerzeugende Kraft zu; die Frau wurde durch sie befruchtet. Die Wirkung des Sexualaktes zwischen Mann und Frau schien noch nicht bewußt geworden zu sein. Totemtier und Totempflanze waren «tabu». Wer sich an ihnen verging, mußte sterben (Tod durch suggestive Erwartungsangst).

Mutproben bestehen: etwas Ekliges essen, eine Blindschleiche in den Ärmel schlüpfen lassen, einen gefährlichen Sprung wagen. Man gibt sich auch einen geheimen Namen. Das Getragensein von seiten einer selbstgewählten Gruppe verstärkt das Selbstbewußtsein des einzelnen.
Solche Bünde dauern bis in die Pubertätszeit hinein, nehmen dann jedoch allmählich die Form von Schüler- und Freizeitclubs an. Organisierte Jugendgruppen sind heute weniger gefragt, obwohl sie ohne Zweifel eine bedeutsame Zwischenrolle zur Erwachsenenwelt spielen könnten. Vielleicht ist unsere europäische Kulturwelt zu sehr überorganisiert, so daß die Jugend sich ihre freien Reservate erfinden muß.
Kinder und Jugendliche mit schwachem Selbstbewußtsein suchen oft zum Selbstschutz Zuflucht bei einer starken Führernatur, einem bewunderten Kameraden oder einer Kameradin. Ihre an Hörigkeit grenzende Dienstbereitschaft kann dazu verführen, sie zu mißbrauchen. Die Gruppe entartet so zur Bande. Aus der anfänglich harmlosen Abenteuerfreude kann eine kriminelle Gemeinschaft werden.
Eine gänzlich neue Dimension des Selbstbewußtseins beginnt mit der Pubertät. Der Jugendliche entdeckt zum erstenmal seine Innenwelt als etwas nur ihm Zugehöriges; damit verknüpft sich gleichzeitig das Erlebnis der Einsamkeit, des auf sich selbst Geworfenseins. Die naive Selbstverständlichkeit in der Welt ist vorbei. Alles wird fragwürdig, angefangen vom eigenen Körper, den Begabungen und Talenten bis zu den bis jetzt entwickelten Charaktereigenschaften. Neben tiefen Minderwertigkeitsgefühlen erlebt der Jugendliche auch euphorische Hochstimmungen. Je intelligenter und vitaler einer ist, desto mehr leidet er unter der Spannung von Ideal und Wirklichkeit. Dieser Schmerz

hat die Jugend aller Zeiten auch zu Kulturkritikern und Reformern gemacht. Wohl sind manche in einem unreifen Revolutionieren stecken geblieben, manche haben jedoch ihren wahren Selbstwert entdeckt und damit auch die Berufung, über sich selbst hinauszuwachsen in der Hingabe für andere.

Das anfängliche labile Selbstbewußtsein pendelt sich langsam ein in die Welt der Realitäten, vor allem, wenn die großen Wahlentscheide der Persönlichkeit entsprechend getroffen werden konnten: Berufswahl, Partnerwahl, Aufbau des Freundes- und Bekanntenkreises, ein eigener Lebensstil, der aber nicht zur zwangshaften Routine verkrusten darf. Im allgemeinen kann man bis zur Lebensmitte von einer Ausweitung und Stärkung des Selbstbewußtseins sprechen: Man fühlt sich sicher in seiner beruflichen Laufbahn, Erfolge wirken als Selbstbestätigung, Mißerfolge zerstören längst hinfällig gewordene Illusionen. Die Leistungsfähigkeit erreicht bei manchen einen Kulminationspunkt. Es wird keine Energie mehr vergeudet für utopische Luftschlösser, man ist nun eingeübt auf ein planvolles Vorgehen. Anderseits ist auch noch nicht die Zeit gekommen, sich mit den Lorbeeren der Vergangenheit zu schmücken. Der seelisch gesunde Mensch entwickelt weiter Initiative, vielleicht verlagert er sie teilweise oder ganz auf andere Lebensgebiete als bisher, weil er sich noch ein Umlernen zutraut. In der heutigen dynamischen Gesellschaft mit ihren wechselnden wirtschaftlichen und sozialen Akzenten dürfte dies auch ratsam sein. – Oder er beschränkt sich allmählich auf ein Spezialgebiet; statt Quantität der Leistung wird noch mehr Qualität erstrebt.

In der Vollreife des Alters tritt der äußere Leistungswert bei den meisten Menschen zurück zugunsten des innern Eigen-

wertes der Persönlichkeit. Dieses Selbstbewußtsein gründet vor allem auf der Frage: Was bin ich vor mir selbst? vor meinem Gewissen? vor Gott? Es wird unabhängiger vom äußern Geltungs- und Anerkennungswert, immer vorausgesetzt, daß der Mensch zur Reife sich durchgerungen hat.
«Menschsein heißt minderwertig sein», hat einmal Adler gesagt, während Sophokles behauptete: «Es gibt nichts Gewaltigeres als den Menschen.» Vielleicht macht gerade diese Spannung zwischen Größe und Elend die Würde des Menschen aus.
Abschließend lohnte es sich vielleicht, die *Elemente des eigenen Selbstbewußtseins* noch einmal gegeneinander abzuwägen:
Als Kleinkinder lebten wir fast ausschließlich vom *Anerkennungs- und Geltungswert*. Ohne ein gewisses Maß von Angenommensein und Anerkanntwerden wären wir physisch und psychisch zugrunde gegangen. Wir waren ja ganz abhängig vom Du und hatten noch kein Ich aufgebaut. Später lernten wir dankbar zu sein für die Ermunterung durch Freunde und die Ablehnung durch Gegner, auch für Kritik und Widerstand, weil dies uns zur Selbstkontrolle zwang. Tiefer trafen uns Intrigen von Feinden. Sie traten wohl auch selten auf und hatten in der Rückschau die Funktion einer etwas schmerzlichen Entwicklungshilfe hin zu andern Zielen.
Wir kennen den betörenden Duft des Prestiges und die damit verbundene Versuchung, unser Bestes dafür zu opfern. Auch die gegenteilige Erfahrung wird uns nicht unbekannt sein: Übersehen und verkannt zu werden, niedrige Absichten zugeschoben zu erhalten, die uns ferne lagen. Welches Gewicht haben diese Erfahrungen heute noch? Wo liegen unsere Erlebnisakzente?

Den *Leistungswert* lebten wir zu Anfang unserer Existenz nur durch unser Dasein. Unsere Schwäche und Hilfsbedürftigkeit engagierte unsere Eltern oder andere gute Menschen. Einen ähnlichen Leistungswert haben kranke und alte Menschen, die durch ihr Dasein aktivierend auf die andern wirken und in ihren Leiden wohl die Höchstform der Leistung erbringen, wenn sie ihr Schicksal anzunehmen gelernt haben.

Schon als Kinder erfuhren wir, daß Leistung in Spiel und Arbeit beglückt. Bald sahen wir auch, daß Leistung Pflicht sein kann, vielleicht sogar Zwang. Mit Leistung konnte man Geld verdienen. Was wurde unser wichtigster Maßstab für die Bewertung der eigenen Leistung? Das Geld? Wie schlimm wäre es hier um viele Mütter und Hausfrauen bestellt, wenn ihr Selbstbewußtsein einzig von diesem Faktor bestimmt wäre. Zugegeben, es ist nicht leicht in einer materialistischen Welt jahrelang Einsatz zu leisten ohne besondern finanziellen Gegenwert.

Ist unser Selbstbewußtsein so gesund, daß wir das richtige Maß für die Leistung finden – oder glauben wir, nicht lebensberechtigt zu sein, außer in einem zwangsneurotischen Dauerstreß? Gehören wir vielleicht gar zu jenen weltfernen Utopisten, die ihr Nichtstun als besondere Originalität hochstilisieren?

Das höchste Element des Selbstbewußtseins, den *Eigenwert,* erlebten wir als Kind gelegentlich ahnungsweise, dann wenn man uns ungerecht behandelte, während unser Gewissen uns zustimmte oder vielleicht auch bei einer heimlichen guten Tat, von der niemand etwas wußte. Seit der Pubertät erleiden wir ihn als unsern realisierten Selbstwert, der auch nach langen Jahren noch in schmerzlicher Spannung zum empfundenen persönlichen Zielbild steht. Vielleicht haben wir gelernt, uns nicht mehr so sehr zu ärgern wegen eines Versagens, ohne dabei den Kampf um das Gute und Wahre aufzugeben.

Kein Mensch vermag sich selbst zu genügen. Welchen Namen er auch immer seiner innern Stimme zu geben versucht, sei es ähnlich dem «Kategorischen Imperativ» im Sinne Kants, das Absolute in unfassbarer Distanz oder der nahe und doch ferne personale Gott – es ist immer etwas über dem Menschen Stehendes, das das Edelste seines Selbstbewußtseins ausmacht. In dieser Anerkennung wird der Mensch vor Selbstüberhebung bewahrt.
Dieses über dem Menschen Stehende ist auch der Kern seines Selbstvertrauens und seiner Selbstachtung. Es macht ihn mutig. Er wagt seinen Weg zu gehen, auch wenn die Umwelt ihn nicht versteht.
Ob es sich in solchem Eigenwertsstreben um echte Identitätsfindung handelt oder um eine bloße Täuschung eines unkritischen Eigensinns wird sich aus den Wirkungen erweisen: Der Friede der Seele bleibt erhalten trotz aller Stürme von außen.

IV. Echte und unechte Selbstbehauptung

Wir Menschen sind in diese Welt gestellt *als Wesen der Freiheit* und nicht als aufgezogene Automaten, die von selbst richtig funktionieren. Ob es uns gefällt oder nicht, wir werden schon durch uns selbst zu vielen Entscheidungen gezwungen, erst recht durch andere Menschen und die uns umgebende Sachwelt. Auch der friedliebendste Mensch kann Konflikten nicht immer ausweichen. Er muß sich mit ihnen auseinandersetzen. Die Frage ist nur, ob er fähig ist, schwierige Situationen als solche zu erkennen und auf welche Weise er sich darin behauptet.
Selbstbehauptung – in diesem Wort steckt ein Anruf. Meines Erachtens heißt es mehr als bloß «sich selber durchsetzen». Das weckt die Vorstellung, um jeden Preis siegen zu wollen, alle Widerstände zu durchbrechen.
Im Wort «*Selbstbehauptung*» dagegen steht das Wort «Haupt». Ist dies nicht das typisch Menschliche bei der Lösung von Konfliktsituationen, daß der Mensch *denkend* und in freier Entscheidung Schwierigkeiten meistern kann und soll? – Beim Tier laufen Verhaltensschemata ab, die wohl zweckmäßig funktionieren; in ihrer Auslösung und Wirkung sind sie jedoch beschränkt auf Signalreize und ganz bestimmte Umweltfaktoren. So erkennt zum Beispiel die Gluckhenne ihr hilfesuchendes Kücken nicht, wenn sie es nur sieht; sie ist programmiert auf den Signalreiz des Piepsens. (So legt es das bekannte Experiment mit dem Kücken unter der durchsichtigen Glasglocke dar.) Das Wahrnehmungsfeld des

Menschen ist nicht so eng spezialisiert, obwohl es auch seine Grenzen hat; durch die Technik ist es gelungen, die naturgegebenen Wahrnehmungsmöglichkeiten noch um ein Vielfaches auszuweiten. Je mehr wir wahrnehmen und erkennen, desto mehr sind wir auch zur Auseinandersetzung genötigt. Früher wußte man nichts von Hungersnöten in Asien, man stand damit auch nicht vor dem Konflikt: Wie weit sind wir zur Hilfe verpflichtet? Wo setzt uns die eigene Selbsterhaltung Grenzen? Je größer das Erkenntnisfeld wird, desto mehr häufen sich die Konflikte; anderseits werden durch ein erweitertes und vertieftes Denken sich auch mehr Konfliktlösungen anbieten.

Nochmals zum Wort «Selbst-behauptung»: *Vom Selbst aus,* also vom Innern der Persönlichkeit her müssen die Lösungsversuche kommen. Ich selbst muß dazu stehen können, aus innerer Überzeugung. Ich darf nicht nur einem momentanen Modetrend oder einer bereits bestehenden Tradition folgen. Vielleicht steht die selbstverantwortete Lösung dazu nicht in Widerspruch; Tradition und Modetrends sind jedoch höchstens Erleichterungen, Hilfsmittel, sie nehmen uns die eigene Verantwortung nicht ab.

Wann sind wir vor die Forderung der Selbstbehauptung gestellt? Wann kommt es zur Auseinandersetzung?

Wir haben uns selbst ein Ziel gesetzt, oder es ist uns von anderen ein Ziel, eine Aufgabe gestellt worden. Wir stoßen aber bei der Realisierung auf *Widerstände.* Vielleicht erfassen wir die Schwierigkeit schlagartig, wie es das lateinische Wort «conflictatio» aussagt als «Aufeinanderprall, Zusammenstoß, Streit». Wir erschrecken, sind überrascht, verärgert, aber «wach». – Vielleicht spüren wir erst im Laufe der Zeit die zunehmende Schwere des Problems. Das erstere

mag aufregender sein, das zweite wirkt zermürbend, vor allem, wenn der Zustand der ungelösten Spannung lange andauert.
Widerstände erwarten uns meist in der ersten Runde *aus der eigenen Innenwelt.* Manches wird nicht in Angriff genommen oder nicht zu Ende geführt, weil bisherige *Denkschemata* uns hemmen. Das neue Denken, das gefordert wäre, beunruhigt uns. Man soll uns doch in Frieden lassen. Das ist etwas für Jüngere! heißt es vielleicht. Wir möchten in unsern bisherigen Sicherheiten nicht erschüttert werden. Sie haben sich doch bewährt – aber stimmt dies tatsächlich? Ist es nicht Selbsttäuschung, wenn wir auf unsere Erfahrung hinweisen, dabei aber keine Begründungen angeben können? Bloße Autoritätsbeweise genügen heute nicht mehr, Sachargumente sind gefragt – und dies mit Recht. Bemühen wir uns tatsächlich darum? Sie zu erhalten setzt die Mühe nach sachlicher Information voraus. Anders ausgedrückt: Ich wäre verpflichtet, in jedem Konflikt, Pro und Contra zu überlegen. Welche Konsequenzen ergeben sich dafür und dagegen? Erst nach dieser kritischen Auseinandersetzung dürfte ich den eigenen Widerstand aufgeben oder ich müßte weiterhin darin verbleiben.
Ein jeder hat seine *Lieblingsideen,* die er gerne hätschelt. Leicht hat man selbst offene Ohren, wenn die eigenen Ideen von andern sekundiert und bestätigt werden. Eine fremde Denkweise kann jedoch zuerst schockieren; man ist geneigt, sie als minderwertig abzutun, bevor man sie nur zur Kenntnis genommen hat; denn sie wirkt wie ein frecher Angriff auf das eigene stolze Denkgebäude. Vielleicht hat man sich so sehr damit identifiziert, daß niemand uns nahe treten kann, der nicht desselben Geistes Kind ist. Natürlich wissen wir eine ganze Menge edelster Motive für unsere Ableh-

nung, so daß wir uns weder stur noch pharisäisch vorkommen müßten.

Und doch spielen unbewußte oder halbbewußte *Vor-Urteile* oft eine so verhängnisvolle Rolle. Aufgrund einseitiger und oberflächlicher Information beziehen wir schon eine Widerstandsposition, bevor wir nur den Sachverhalt richtig kennen. So viele wertvolle Lebensimpulse sind schon abgewürgt worden durch unbegründeten Widerstand. Gerüchte, üble Nachrede schleichen sich oft hinterhältig ins eigene Denken und Fühlen ein. Recht oft müßte man wohl die kritische Frage wagen: Was für Beweise habe ich eigentlich dafür? Sind es überhaupt Beweise und nicht bloß nur Vermutungen? – Als starrer und daher noch schwieriger zu beseitigen haben sich kollektive Vor-Urteile erwiesen. Was aus einer andersdenkenden Gruppe kommt, wird ohne langes Zögern verworfen; man prüft meistens nicht einmal die Hauptargumente. Politische, religiöse oder völkische Minderheiten stoßen im konkreten Fall meistens zuerst auf Barrieren, selbst bei Menschen, die die Toleranz auf ihre Fahne geschrieben haben.

Skepsis als Grundhaltung kann bis zu einem gewissen Maß wertvoll sein; sie ist eine Basis der Klugheit. Wenn sie aber mit vielen Enttäuschungen und den entsprechenden Aggressionen gekoppelt ist, erfriert an dieser kalten Eiswand jedes warme Leben – und der Skeptiker selbst stirbt innerlich ab.

Minderwertigkeitsgefühle erschweren den Kontakt zum andern, machen mutlos vor einer neuen Aufgabe. Nur Schwierigkeiten werden ins Auge gefaßt, die positiven Möglichkeiten kaum bemerkt.

Ängste und Hemmungen blockieren oft in tragischer Weise: Ich möchte so gerne, aber ich getraue mich nicht! In Zuständen solcher Not wäre es angezeigt, die Hilfe eines guten Freundes zu erbitten, wenn es nicht gelingt, allein die Schranken zu übersteigen. Es darf nicht geschehen, daß eine gute Sache Schaden nimmt oder ein anderer Mensch nicht zu seinem Recht kommt, nur weil man aus irgendeinem Grund der Gefangene seiner selbst ist.

Die *Trägheit* ist einer der verbreitetsten Selbst-Widerstände, so schwer zu fassen und zu bekämpfen, weil ihr so viele plausible Alibis zur Verfügung stehen. Sie ist nicht von Emotionen geladen wie die meisten andern Eigen-Widerstände; daher wirken Ausreden aus Trägheit recht sachlich, ruhig und beinahe überzeugend. Weil der Träge meistens ungeschoren davonkommt, lernt er wenig aus seinem Fehlverhalten.

Der *Übervorsichtige* verpaßt die Chancen des Augenblicks vor lauter «Wenn» und «Aber», während der, der viel zu viel will, sich selbst blockiert durch die Zersplitterung seiner Kräfte in unwesentliche Details. Er ist dauernd beschäftigt, aber er setzt sich selten zielgerichtet ein.

Manche Widerstände aus dem eigenen Ich sind uns nicht oder zu wenig bewußt. Darum wäre es so heilsam, in einer guten Stunde sich Gedanken zu machen über mögliche eigene Fehleinstellungen.

Von unseren *Mitmenschen* kann uns Ermunterung und Hilfe kommen, aber auch Blockierung, zermürbendes Gelähmtwerden und Aggressionen in jeder Form. Wer sich für etwas einsetzt, setzt sich auch allem möglichen aus – dies ist eine alte Erfahrung.

Gute Initiativen scheitern immer wieder, weil der Zeitpunkt ihrer Realisierung noch zu früh ist. *Zu wenig vorausgehende Bewußtseinsbildung* läßt die Menschen, die mitverantwortlich sind, kopfscheu werden. Sie fühlen sich von einer

neuen Idee gleichsam überfallen und erschreckt. Möglicherweise haben sie sich zu dem betreffenden Problemkreis bis jetzt kaum Gedanken gemacht. Vielleicht fühlen sie sich auch in ihrer Selbstachtung gekränkt, weil wir ihnen ein fertiges Konzept vorlegen, zu dem sie nur noch wie Statisten zu nicken haben. Der Prozeß der Information in verschiedenen Stufen kann viel Zeit kosten. Eine langsame Vorbereitung zur Entscheidung würde manchem Gegner dagegen den Wind aus den Segeln nehmen.
Vielleicht fehlte es auch an der Art der *Argumentation,* die *nicht überzeugend* genug war: zu wenig logischer Aufbau, psychologisch schlecht plaziert, zu rasch alle Karten aufgedeckt, ein etwas zu selbstherrlicher Ton oder eine zu leise, schüchterne Redeweise und dazu noch ein ungünstiger Moment.
Der *unrichtige Zeitpunkt* für einen Konfliktlösungsversuch erweist sich in den meisten Fällen als Kapitalfehler Nr. 1. Wenn eine Gruppe sich zum Beispiel vor kurzem für ein größeres Unternehmen eingesetzt hat, ist sie kaum bereit, allzu rasch schon wieder eine neue Initiative aufzugreifen. Eine schöpferische Pause hingegen kann neue Bereitschaft wecken. – Ähnliches gilt nicht nur für Berufsgruppen, politische oder soziale Vereinigungen, sondern auch für den kleinen Kreis der Familie. Wer von den andern Mithilfe, ein Engagement oder eine Verhaltensänderung erwartet, der muß zuerst für ihr leibliches Wohl gesorgt haben. Eine fordernde Mutter wird von hungrigen Familienangehörigen kein Verständnis für besondere Probleme erwarten dürfen.
Alles, was von innerseelischen Widerständen im Einzelmenschen bereits gesagt wurde, läßt sich auch auf unsere Mitmenschen übertragen; es kommen zu den Schwierig-

keiten der einzelnen möglicherweise aber auch noch gruppendynamisch bedingte Spannungen: Eine führende Persönlichkeit muß damit rechnen, daß sie ungewollt zur Projektionsfläche von unverarbeiteten Autoritätskomplexen wird, selbst wenn sie noch so sehr die demokratischen Spielregeln beachtet. Allein schon eine gewisse fachliche Überlegenheit kann latente Minderwertigkeitsgefühle zur Entladung führen in *Neid* und *Eifersucht:* so entsteht Widerstand aus Prinzip. Eine alte Volksweisheit sagt, man müsse in solchen Fällen «den Bock zum Gärtner machen».
Es kann hilfreich sein, sich über die Motivationslage der Einzelnen Gedanken zu machen. Mancher ist nur Nein-Sager, weil man ihn selbst bis jetzt übersehen hat. Er fühlt sich gekränkt und übergangen, sein natürliches Geltungsbedürfnis kam in diesem Kreis überhaupt nie zum Zug. Warum verschaffen wir ihm nicht die Möglichkeit, auch einmal vorne zu stehen, auch einmal größere Verantwortung mitzutragen? Eine Schwierigkeit besteht allerdings darin, daß Menschen mit frustriertem Prestigebedürfnis häufig die Maske der Bescheidenheit tragen, die in der frühern Erziehung als besonderer Tugendausweis gezüchtet worden ist. Dies macht das Vorgehen mühsamer, aber um so lohnender.
Rivalisierende Gruppen oder gar *Cliquen* in einer Gemeinschaft können ebenfalls zu Sprengkörpern werden, wenn man sie nicht im gleichen Ausmaß vororientiert und bei der Beratung hinzuzieht; am gefährlichsten dürfte der Zuzug nur einer dieser Gruppen sein. In diesem Fall kann der Eindruck rasch entstehen, man sei parteiisch; damit ist bereits eine potentielle Gegnerschaft für die nächsten Runden geschaffen.
Glücklicherweise findet man sich aber nach einigen Ausein-

andersetzungen wahrscheinlich doch zusammen. Die meisten sind bereit, ihren Teil zur Sache beizutragen. Nun können mehr oder weniger unerwartet Widerstände aus der *Sachwelt* auftreten: Wegen der Rezession in der Wirtschaft zum Beispiel wird ein in Aussicht gestellter Kredit gesperrt. Es fehlt an *Geld* für das gemeinsam erarbeitete Projekt. Der Selbstbehauptungsprozeß muß weitergeführt werden. Wenn staatliche Hilfen gekürzt werden, müssen um so mehr private Initiativen gewagt werden. Vielleicht kann man durch Umorganisation auch noch einiges einsparen oder eine etappenweise Realisierung des Projektes ins Auge fassen. Was aus finanziellen Erwägungen für allgemeine Vorhaben an Überlegungen angestellt werden muß, gilt auch für private Ziele, nur in einem kleinern Maßstab.
Raummangel kann zu einem recht einschneidenden Hemmnis werden. Nehmen wir an, wir hätten zum Beispiel Spielgruppen für Kinder oder Begegnungsmöglichkeiten für ältere Mitbürger geplant. Viele gute Ideen sind zusammengetragen worden. Der vorgesehene Raum wurde in letzter Minute an einen besser zahlenden Mieter vergeben. Was nun? Vielleicht sind anderswo noch unbenützte oder kaum benützte Räume zu finden. Gibt es Austauschmöglichkeiten? Können vielleicht statt Geld erwünschte Gegenleistungen in Form von Arbeit an einen Besitzer erbracht werden? Oder läßt sich ein privater Gönner finden? – Raumprobleme bestehen auch in vielen Familien, aber es gibt Mütter, die durch ihre schöpferische Phantasie Räume so zu gestalten wissen, daß trotz wenig Quadratmetern Fläche viele Lebensmöglichkeiten für alle vorhanden sind.
Die Realität der *Zeit* kann uns in verschiedener Hinsicht Konflikte aufgeben: Nachdem ein Projekt endlich beschlossen oder privat ein Entschluß gefaßt ist, muß man erkennen,

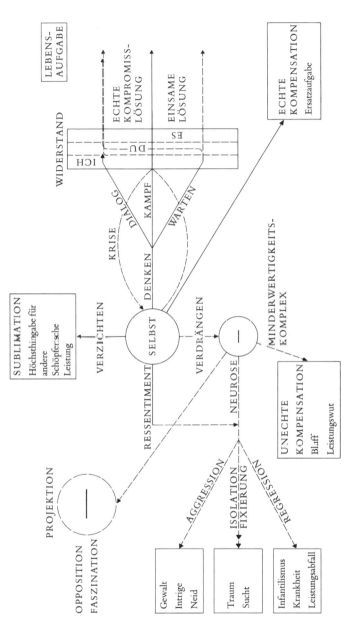

daß die Zeit zur Realisierung nicht mehr genügt. Soll man nun alles aufgeben? Das wäre wohl die billigste Lösung. Vielleicht läßt sich der Realisierungszeitpunkt hinausschieben, oder es findet sich eine Schar mutiger und entschlossener Menschen, die bereit sind, wegen der Wichtigkeit der Sache einen längern Sondereinsatz zu leisten. Solche Erlebnisse schmieden zusammen. – Eine Idee kann der Zeit auch vorauseilen. Nur wenige Menschen verstehen ihre Dringlichkeit; die meisten distanzieren sich, wenn nicht empört, so doch kopfschüttelnd mit oder ohne moralischer Verurteilung. So erging es vor wenigen Jahrzehnten noch den Vorkämpferinnen für das Frauenstimmrecht; ähnliche Reaktionen sind festzustellen in Diskussionen um die Ordination der Frau in der katholischen Kirche. Die Zeit ist noch nicht reif, alle Konsequenzen zu ziehen, die der Menschenwürde der Frau gemäß wären. Sie ist aber da, um Brücken in ein neues Bewußtsein bauen zu helfen.

Die *Methoden unserer Selbstbehauptung* werden variabel sein müssen. Bei gewissen Problemen, die nur uns selbst betreffen, können wir eine rasche individuelle Lösung wählen, den Weg des direkten Vorgehens: wir wagen den *Kampf* um unsere Überzeugung und versuchen auf faire Weise, die uns entgegenstehenden Schwierigkeiten zu überwinden. Für gewisse Situationen, die viel Diskretion und Takt verlangen, wird sich ein solches Vorgehen aufdrängen. «Einsame Lösungen» zeichnen sich aus durch eine gewisse Stilreinheit. Sie sind aus einem Guß, weil sie den Stempel einer Persönlichkeit tragen; gleichzeitig leiden sie unter einer unvermeidlichen Einseitigkeit, weil ein einziger Mensch, selbst der intelligenteste, nie allein alle Seiten einer Realität erfassen kann. In Situationen mit Dringlichkeitscharakter sind einsame Lösungen jedoch nicht zu umgehen.

In der gemeinsamen Konfliktlösung, im *Dialog,* treffen viele Ideen aufeinander. Vor- und Nachteile können aus verschiedener Sicht gegenseitig beurteilt werden. Voraussetzung eines Teams ist das gemeinsame Bestreben, der Sache zu dienen und persönliche Eigeninteressen fallenzulassen. Alle müssen überzeugt sein von derselben Idee und daraus eine gemeinsame konkrete Zielvorstellung ableiten können. Ein Ziel- und Rollenkonflikt kann entstehen, wenn die Intelligenzunterschiede und die Charaktereigentümlichkeiten allzusehr divergieren. Das gegenseitige Verständnis kann in einem solchen Fall nur bis zu einem gewissen Grade gesteigert werden, trotz bestem Willen aller Beteiligten. Trotzdem führen schon die Überlegungen an einem Konzept zu vertieftem Verstehen, selbst wenn von der Gegenseite her wenig kreative Beiträge zu erwarten sind. Aus der Reaktion der Gruppe werden Mängel ersichtlich und können ausgeglichen werden. Das Ergebnis dieses Entscheidungsprozesses wird in manchen Fällen ein gereifter echter Kompromiß sein. Er ist realitätsangepaßter und solider im vollen Sinn des Wortes (sol, solis = Boden).
Der wohl schwierigste Weg der Selbstbehauptung scheint mir das *Warten* zu sein. Es gibt Situationen, die von allen als äußerst problematisch empfunden werden; niemand kann einen Lösungsvorschlag anbieten. Eine unbehagliche Spannung muß durchgestanden werden, bis in irgendeiner Form der erste kreative Funke springt. – Oder es besteht bereits ein Konzept, aber die Mitverantwortlichen sind noch nicht interessiert dafür; es landet zunächst einmal in der Schublade. Wie lange dieser «Dornröschenschlaf» dauern wird, weiß niemand. «Aufgeschoben ist nicht aufgehoben», sagt sich der Tapfere und bereitet im stillen das Terrain vor. Warten heißt nicht, nichts tun – aber die Geduld der kleinen

Schritte einüben. Ohne Verbissenheit der Sache treu bleiben, selbst wenn man annehmen muß, daß die Realisierung des Zieles noch mancher Jahre der Reifung bedarf. Jeder kulturelle Fortschritt muß mit Gelassenheit durchgetragen werden, braucht Menschen, die in schöpferischer Ahnung ihrer Zeit voraus sind und in größern Dimensionen denken und lieben können, die sich durch Unverständnis nicht erbittern lassen. – Warten ist uns oft auch aufgegeben im kleinen privaten Kreis. Statt andern den eigenen Willen aufzuzwingen, läßt man sie ihre Erfahrungen selbst machen. «Versuch und Irrtum» ist eine ursprüngliche Form des Lernens durch Erfahrung, durch die man bekanntlich «klug werden» soll. Die ältere Generation möchte der jüngern so gerne gewisse Irrtümer ersparen – eine Illusion, die unsterblich zu sein scheint. – Wie reagieren jedoch die sogenannten Erfahreneren, wenn ein Mitmensch von einer Irrfahrt zurückkommt? Verdirbt man ihm nicht häufig die schmerzlich gesammelten Früchte durch herablassendes «Verständnis», durch hochmütiges Mitleid, mangelnden Respekt vor seiner Intimsphäre? Viele, die in karitativer Herablassung sich in ihrer eigenen Tugend sonnen, hätten nie im Leben den Mut aufgebracht, ein wirkliches Wagnis einzugehen. Sie haben sich fein säuberlich bewahrt – und sind steril geblieben. Was eigentliches Leben heißt, erfahren sie höchstens aus Büchern. –
Überwundene Widerstände stärken das Selbstbewußtsein, das *Scheitern* daran aber führt zu einer innern Krise. Wird man sich ihr zu stellen wagen? Die *Mißerfolgs- wie die Erfolgskontrolle* sind Lernchancen fast unbezahlbarer Art: Waren meine Erwartungen zu hoch geschraubt? habe ich mich selbst und auch die andern überfordert, physisch und psychisch? Oder mangelte es an meinem Einsatz? Warum ha-

ben die andern vielleicht nur noch ein Minimum geleistet oder warum wurde ihr Widerstand so verbissen? Warum können wir nicht mehr miteinander reden – ist es wirklich nur unbegründete Halsstarrigkeit? Liegt die tiefste Ursache der Widerstände an falschen Strukturen oder genügt eine Verhaltensänderung?

Lohnt es sich, nochmals den Kampf um dasselbe Ziel aufzunehmen? Wäre es besser, das bisherige Ziel zu modifizieren oder es im konkreten Fall durch ein anderes zu ersetzen? Recht oft tritt die seltsame Realität ein, daß ein «Ersatzziel» auf die Dauer mehr hält, als es anfänglich zu versprechen schien. Um dies subjektiv erleben zu können, bedarf es allerdings der Offenheit und der ständigen Bereitschaft umzulernen. Solche *echten Kompensationen* tragen für den Einzelnen erlebnishaft immer noch den Schimmer einer ursprünglichen Sehnsucht, die nie ganz gestillt werden kann; darum entarten sie weniger zu erstarrten selbstzufriedenen Erfolgserlebnissen.

Unter gewissen Umständen ist keine kompensatorische Selbstbehauptung mehr möglich für die eigene Person oder die eigene Gruppe. Der *Verzicht* drängt sich als Lösung auf. Je mehr das Herz sich nach der Enttäuschung von Bitterkeit lösen kann, desto freier wird der ganze Mensch. Aus dem Kern der Person strömt ihm neue Kraft zu, er beginnt über sich selbst hinauszuwachsen. Es können schöpferische Impulse aufbrechen. Was für die eigene Person nicht erreichbar war, treibt nun an zu einem Engagement für andere oder, wenn entsprechende Begabung vorhanden ist, kann diese Spannung zu Höchstleistungen im künstlerischen, wissenschaftlichen oder in anderen Bereichen führen. Es kommt zur *Sublimierung*, zur Höherführung der früher frustrierten Energien.

Nicht jedem gelingt es, mißglückte Selbstbehauptung positiv zu verarbeiten. Unverarbeitete Enttäuschungen muß wohl ein jeder zeitweilig als Bürde tragen. Niemand kann ihm die Last einfach abnehmen.

Es liegt nahe, daß man einem solchen Erlebnis ausweicht und sich nicht damit auseinandersetzt. Durch die *Verdrängung* sucht man diese Last loszuwerden. Man glaubt, alles vergessen und überwunden zu haben, im Unbewußten aber schwelt es weiter. Das unterschwellige Gefühl, versagt zu haben, verstärkt die eigenen Minderwertigkeitsgefühle. Diese können dadurch neurotisch gesteigert werden und sich in typischen Signalen anzeigen. –

Auch die gegenteilige Fehlreaktion ist möglich: eine Enttäuschung wird nicht verdrängt, sondern geradezu zum Kult erhoben. *Ressentiments*-Typen lieben es, sich nach Herzenslust zu bemitleiden und die tragische Rolle als Dauer-Narzißmus zu leben. Man kann sich im Leiden auch gefallen, bis man zum neurotischen Sklaven des Masochismus geworden ist. Die Dulder und Dulderinnen zeigen nebst dem gut trainierten Rollenverhalten auch ganz entgegengesetzte Züge, wie sie als Erscheinungsformen bei der Verdrängungsneurose ebenfalls auftreten.

Kein Mensch kann uneingestandene Minderwertigkeit ruhig mit sich herumtragen. Er möchte sie los sein; folglich projiziert er sie unbewußt auf andere. An ihnen sieht er sie in vergrößertem Maßstab. Die Gefühle der Abneigung können sich bis zum Haß und Ekel steigern. Auch die gegenteilige Zwangsreaktion ist möglich: In übergroßer Faszination verfällt man einem Menschen, der im subjektiven Erleben als entgegengesetzt gelagert erscheint. Ersehnte Stärke wird dann nicht von Brutalität und Sadismus unterschieden, Sentimentalität wird mit Liebe verwechselt.

Zwanghafte Fluchtformen stellen sich in verschiedener Hinsicht ein. In der Flucht nach rückwärts, in der *Regression* flieht der Mensch in die Schwäche, in kindliche oder pubertäre Verhaltensweisen, die ihn vor sich selbst und vor dem Anspruch der Mitwelt als harmlos und schutzbedürftig darstellen. Durch Flucht in Krankheit und Kränklichkeit entsteht zudem das Anrecht auf besondere Pflege und eine gewisse Mittelpunktstellung. Schon bei Vorschulkindern können unbewältigte Selbstbehauptungsprobleme zu deutlichen Regressionen führen. Am bekanntesten dürfte der Konflikt des entthronten ältesten Kindes sein, das nach der Geburt des ersten Geschwisterchens in ein Säuglingsverhalten zurückflieht. Qualitativer und quantitativer Leistungsabfall bei Kind, Jugendlichen und Erwachsenen hat oft nichts mit mangelndem Fleiß zu tun, es können tiefere Selbstbehauptungsprobleme im Spiel sein.

In der Flucht nach vorwärts plustert sich das arme Menschenkind auf in Wichtigtuerei, in *Bluff* durch Worte und Taten; auch Erwachsene suchen oft auf pubertäre Weise andere zu übertrumpfen. Eine latente Gereiztheit läßt keinen Lichtschein von Humor zu. Mit äußerster Empfindlichkeit nehmen sie ihre Rechte wahr. Ihnen unterläuft scheinbar nie ein Fehler. Sie haben immer recht. Neid und Eifersucht verleiten zu Intrigen, die jedoch als Gewissenhaftigkeit und Sorge für das Ganze getarnt werden.

Die Flucht in sich selbst hinein, in die *Isolation,* dürfte in gewissem Sinne die gefährlichste sein, weil die Mitmenschen keine helfende Reaktion mehr anbieten können. Es fehlte dem Betroffenen auch der Glaube daran. Kein Mensch hält die Verzweiflung der Verlassenheit auf die Dauer aus: er wird zu Trostformen Zuflucht nehmen müssen: angefangen vom Daumenlutschen und der Schlecksucht des Kindes bis zum Kettenrauchen, zur Trunksucht und schließlich zu den Drogen, die das Eintauchen in eine Traumwelt möglich machen. Besitzstreben und Machtwille werden in der Isolation zu besondern Zerrformen entarten.

Nicht geleistete Selbstbehauptung kann gefährlich sein, auch wenn sie sich nicht in den schlimmsten neurotischen Formen auswirkt. Die Gabe des Lebens darf von uns nicht vertan werden, weder in Leichtsinn noch in Feigheit. Wir haben uns dem Leben zu stellen.

V. Aggression – Angriffsfreude oder Zerstörungstendenz?

Die Aggression hat heute einen üblen Ruf. Aggressiv zu sein oder bei gewissen Gelegenheiten es zu werden, gilt als unanständig. Aggression wird gleichgesetzt mit Streitsucht, Boshaftigkeit, latenter oder offener Gereiztheit, mit Wutausbrüchen in Worten und Taten. Diese dunkle Seite der Aggression scheint die helle andere Seite des Strebevermögens in unserem Bewußtsein verdrängt zu haben. Mindestens ist diese einseitige Bedeutung von Aggression unserm Sprachverständnis von heute selbstverständlich.
Der ursprüngliche Wortsinn von «aggredi» heißt auf «etwas zugehen, etwas in Angriff nehmen».
Irgendwie drängt sich die Frage auf, weswegen es zu einer so einseitigen *Verketzerung der Aggression* kommen konnte. Sind es unbewältigte Schuldgefühle aus dem Kollektivgewissen? Es ist verständlich, daß die Grausamkeiten von Krieg, Rassenwahn, Revolutionen einen jeden erschüttert und erschreckt haben. Das romantische Menschenbild mit seinen humanistisch verklärten Seiten hat einen schweren Stoß erlitten. Daß der Mensch «von Natur aus gut» sei und nur gut, glauben heute nur noch idealistische Kulturpädagogen. Selbst die Philosophen, die das «Paradies auf Erden» schaffen wollen, wie zum Beispiel ein Marcuse[1], verurteilen die Gewalt an sich; als Mittel zur Gesellschaftsänderung

---

[1] Marcuse, H.: «Triebstruktur und Gesellschaft», Frankfurt a.M. 1971.

aber scheint sie ihnen jedoch erlaubt und notwendig. Wir lesen von Folterungen mit psychologisch und technisch ausgeklügelten Methoden. Die Verhaltensforschung[2] hat uns gezeigt, daß der Mensch in seiner bösen Aggressionslust grausamer als jedes Raubtier sein kann. Das Tier kann bekanntermaßen nicht zubeißen, wenn der Gegner die Demutshaltung einnimmt; der Mensch aber hat keine instinktgesteuerte Tötungshemmung. Er muß seine aggressiven Kräfte in eigener Verantwortung selber lenken. Erschreckend sind auch die lernpsychologischen Ergebnisse um den «Abraham-Test»[3], der zuerst in Amerika und dann auch am Max Planck-Institut in Berlin als Forschungsexperiment diente: Die Versuchsperson erhielt den Auftrag, jede unrichtige Antwort eines erwachsenen Schülers mit elektrischen Stromstößen von zunehmender Intensität zu «bestrafen». Trotz der Bitten und Schreie der fingierten Opfer gehorchten ganze 85% den Weisungen des Versuchsleiters; sie gehorchten um so schneller, je näher der Versuchsleiter sich ihnen gegenüber aufstellte. Aggression als sinnlose Grausamkeit läßt sich also auch befehlen. Es braucht dazu nicht einmal den Druck einer KZ-Situation. Ein naives Autoritätsverständnis genügt, um Befehle kritiklos zu empfangen und auszuführen. Solche Realitäten sind uns Menschen peinlich. Ja, die andern – aber wir doch nicht! Wir geben lautstark unsere Abscheu gegenüber jeder Aggression kund und reden recht erbaulich von Friedenserziehung, wie wenn es nicht auch eine Erziehung zur richtig gelebten Aggressionslenkung gäbe. –

[2] Lorenz, K.: «Das sogenannte Böse», Wien 1963.
Ders.: «Über tierisches und menschliches Verhalten», Gesammelte Abhandlungen, München 1965.
[3] Hacker, F.: «Aggression», Wien 1971, S. 243–247.

Impulsive Menschen können in den Augen des Durchschnittsbürgers als unangenehme Störefriede dastehen. Ihre Initiative beunruhigt. Sie wollen schon wieder etwas Neues, heißt es. Wirklich kreative Menschen unterscheiden sich jedoch von neurotischen Weltverbesserern. Sie sehen die Situation mit einer gewissen Nüchternheit, sind aber in der Tiefe getragen von einer festen Überzeugung, die zum voraus mit Schwierigkeiten rechnet. Kulturfortschritte sind noch nie durch bloße Mitläufer möglich geworden. Pioniere mußten ihr Voraus-Sein im Denken zu Lebzeiten häufig mit Ablehnung durch die große Masse bezahlen; denn es ist unbequem und lästig, aufgerüttelt zu werden. Nach dem Tode setzte man ihnen gern ein Denkmal.
Solch heroisches «In-Angriff-Nehmen» wird von den wenigsten von uns erwartet. Sicher aber das tatkräftige Ja zu unserm Lebensauftrag. Eine *kreative Einstellung zur Arbeit und zur Mitmenschlichkeit* im engen und im weiten Sinne müßte von Kindheit an eingeübt werden.
Als Neugeborene zwangen uns noch Reflexe, die Nahrung durch Riechen zu suchen und durch Saugen uns anzueignen. Bald traten Reflexe und Instinkte zurück, je mehr wir zum Selbstbewußtsein erwachten. Arme und Beine hatten wir im Fuchteln und Strampeln vorgeübt. Gegen Ende des ersten Lebensjahres war unser Nervensystem soweit gereift, daß wir uns nicht mehr nur als «sekundäre Nesthocker» benehmen mußten. (Nach Adolf Portmann ist der Mensch seinem Aufbau gemäß ein primärer Nestflüchter, kommt aber als «physiologische Frühgeburt» zur Welt.) Wir konnten nun nach etwas greifen, einem Gegenstand nachkriechen, später auf ihn zugehen. Aus dem Greifen mit den Händchen folgte auf einfache Weise ein Be-greifen durch den kindlichen Geist. Zuerst nahmen wir nur äußere Er-

scheinungsbilder wahr: eßbar – nicht eßbar, bekannt – unbekannt. Unbekannte Menschen machten uns Angst. Später unterschieden wir immer mehr Eigenschaften an den Dingen und Menschen. Wir gingen auf alles zu und probierten es aus. Kurz, wir nahmen die Welt in Angriff. – Die Welt aber wehrte sich zum Teil, wir mußten um sie kämpfen. Die Erwachsenen sagten oft nein, gerade dann, wenn es am schönsten war.

Beim *Spiel* aber konnten wir leben, wie wir wollten. Niemand merkte, daß wir die Schachtel in ein Schloß verzaubert hatten und im Begriff waren, mit einem großen Pferd fortzureiten. Manchmal benutzten wir auch ein Flugzeug oder wenigstens ein rassiges Auto. Natürlich mußten wir zwischenhinein wieder tanken: die kleine Schwester war die Tanksäule, eine Schnur diente als Schlauch. Die Großen schüttelten oft den Kopf, aber eben – bei ihnen muß alles kompliziert sein.

Dafür sahen sie manches nicht, was uns wichtig war: die wunderschönen Steine, die wir gefunden hatten, einmal sogar einen «Zauberstein», der mittendurch einen weißen Zauberstreifen trug, goldgrüne Käferchen, einen zappeligen Wurm mit vielen Ringen, ein Vogelnest mit schöngefleckten Eiern.

Ja, so ist es eben. Die kindliche Entdeckungsfreude der Welt gegenüber kennt andere Maßstäbe als die der Erwachsenen. Wie gut ergeht es dem Kind, das nicht durch Unverständnis blockiert wird. Sein Erlebnisdrang kann sich ungebrochen ausweiten. Das Spiel ist ihm nicht nur Unterhaltung, sondern auch Ernstfall. Es hat Anrecht auf Respekt vor dem kleinen Werk, das es selbst im Sandkasten oder anderswo geschaffen hat. Liebevolle Anerkennung motiviert es, weiterhin Dinge in Angriff zu zu nehmen.

Eltern, die ihre Kinder verwöhnen, schädigen sie ungewollt, wenn sie ihnen fertige Spielsachen nach Hause bringen – wunderhübsch anzusehen für Erwachsene, aber ohne jeden kreativen Impuls für die Kinder. Spielsachen im Kleinkindalter können nicht einfach genug sein; nur dann eignen sie sich, vielerlei daraus zu gestalten. Eine Überfülle von Spielsachen zersplittert das Erleben des Kindes. Kaum geht es auf ein Spielzeug zu, sieht es schon wieder ein anderes. Die Konzentrationsfähigkeit kann sich nicht entfalten. Sie flattert nur von einem Ding zum anderen. Nichts wird tiefer erlebt, alles bleibt an der Oberfläche. Es kommt nicht zum Staunen. Man möchte dem Kind möglichst viel geben, eine Fülle von Eindrücken – aber man läßt ihm nicht Zeit, sich in ein Spielzeug zu versenken, es liebend wahrzunehmen.

Am hastigen Wechsel der Spieldinge und der Hast im übrigen Welterleben muß das Kind den Eindruck erhalten: Eigentlich ist alles nichts wert. Auch ich bin wohl nichts wert. Alles ist so leicht austauschbar. Man kann ja alles wieder kaufen. Weshalb denn sorgsam umgehen mit etwas?

Diese Wegwerfhaltung ist keine Basis, um später initiativ und klug an das Leben heranzutreten. So züchtet man wie im Märchen der «Frau Holle» kleine Pechmaries, die achtlos die Brote im Backofen verbraten und die reifen Äpfel am Baum zu Boden fallen lassen, weil sie keinen Respekt gelernt haben. Sie lernen durch Verwöhnung, möglichst früh schon ihr Leben zu verpfuschen. Es braucht eine liebende Bindung an die ersten Dinge, um auch später als Erwachsener noch die Welt eroberungswürdig zu finden.

Noch immer höre ich das herzzerbrechende Weinen unseres Nachbarkindes, als seine Mutter ihm die alte zerschlissene

Stoffpuppe wegnahm und sie achtlos in den Abfalleimer warf. Das Kind war außer sich. Die Puppe war ja sein Kind, sein Talisman seit den ersten Lebensmonaten. Die Mutter hatte einen Teil von ihm selbst fortgeworfen. Könnte ihm selbst nicht eines Tages dasselbe geschehen?! Diese Angst des Weggeworfenwerdens, des Fortgeschicktwerdens und Verlassenseins ist Thema mancher Märchen, wie zum Beispiel «Hänsel und Gretel», «Brüderchen und Schwesterchen» u.a. mehr. Zu früh zerstörte Bindung macht aber nicht frei, besonders nicht, wenn sie gewaltsam geschieht. Zuerst muß ein sicherer Boden geschaffen werden, von dem aus später ein Engagement gewagt werden kann, sei es in der Liebe, in der weiteren Mitmenschlichkeit und in der Arbeit. Arbeiten möchte das Kind schon früh. Es fühlt sich als Partner ernst genommen, wenn es der Mutter an die Hand gehen darf. Kleine Aufträge erfüllt es mit großem Eifer, vorausgesetzt, daß man sie ihm im richtigen Zeitpunkt erteilt. Wird es allzu häufig mitten aus dem Spiel herausgerissen ohne den geringsten helfenden Übergang, empfindet es Arbeit bald als Störung seines Lebens. Steigt die Mutter jedoch nur für eine Minute in sein Spiel ein, kann sie es bruchlos auch herausführen in die Arbeit. Arbeit und Spiel gehen dann ineinander über. Dies ist besonders wichtig für das Kleinkind. Das Kindergartenkind und das Schulkind unterscheidet immer klarer zwischen dem freien Spiel und der Arbeit mit Pflichtcharakter.

Je mehr das Kind im Spiel seine Phantasie entfalten konnte, desto mehr wagt es später, Arbeitsleistungen nicht nur nach einem vorgegebenen Schema zu erbringen. Es wird den Mut zum Experiment entwickeln, an verschiedene Problemlösungen herantreten. Es ist wenig in Gefahr, ein einmal gefundenes Verhaltensschema als das einzig mögliche

Rezept anzusehen. Die Kreativität bleibt ihm als kostbare Gabe erhalten.

Mancher Lehrer müht sich sehr, die Angriffsfreude seiner Schüler durch Weckung und Förderung der kindlichen Eigeninitiative zu mehren. Er stellt verschiedene Lernangebote bereit und fordert zur Auswahl auf. Dort, wo nicht ein festgelegter Stufenaufbau notwendig ist, wie zum Beispiel im Rechnen, läßt er Themen vorschlagen. Auf Wünsche im Blick auf das methodische Vorgehen sucht er nach Möglichkeit einzugehen. Wie aber, wenn die Kinder selbst keine Ideen entwickeln, wenn sie wie brav dressierte Schäfchen nur darauf warten, einen Auftrag zu erhalten?

Hier liegt eine reale Schwierigkeit. Ein guter Lehrer, der möglichst frei und demokratisch erziehen und bilden möchte, wird entmutigt durch die Phantasielosigkeit vieler Schüler. Gewöhnlich sind es Kinder aus recht unterschiedlichem Milieu. Die einen sind schon viel zu früh durch Arbeit *überfordert* worden. Spiel galt als Luxus. Sie haben gelernt, Befehle entgegenzunehmen und möglichst nach Anweisung auszuführen. Sie sind gut dressiert – aber sie haben nicht gelernt, eigene Gedanken und Bedürfnisse auszusprechen. Vielleicht hat kaum jemand Zeit gefunden, ihnen mit Interesse zuzuhören, weil in ihrer Umwelt nur die Arbeit etwas gilt. Sie sollen früh genug merken, wie das Leben ist, heißt hier etwa die Parole. Vielleicht zwingt tatsächlich die finanzielle Notlage und der Mangel an genügend erwachsenen Mitarbeitern dazu, die Kinder allzufrüh «an den Ernst des Lebens» zu gewöhnen. In der Mehrzahl der Fälle dürfte es jedoch Gedankenlosigkeit sein. Die Eltern sind selbst zwangsneurotische Arbeiter, gleich welchen Bildungsniveaus. Sie haben es längst verlernt, daß außer der Leistung auch noch etwas anderes zählt im Leben. Kein Wunder, wenn die Kinder in diesem Sog nicht zu spielen wagen, oft auch nie spielen lernten.

Allzufrüh forderte man auch im Spiel «Produkte» ab. Es sollte dann wenigstens etwas «herausschauen», eine Zeichnung oder eine Kleinkonstruktion, die man den Verwandten und Bekannten präsentieren könnte. Die Frühleistungsphase des Kindes kann aber nicht übersprungen werden. Ein Kind, das nie mit einem ursprünglichen Leistungschaos beginnen durfte, kann später nicht selbst geordnete und verantwortete Leistung vollbringen. (Das Kritzeln kommt vor dem Zeichnen.) Es wird als Erwachsener nur fähig sein, in Schemata hineinzuschlüpfen, die andere kreativ gestaltet haben, Gedanken nachzudenken, die andere vorgedacht haben. Selbst wenn noch einmal eine eigene Idee aufstiege, werden sie nicht wagen, dazu zu stehen. Der Mut zu sich selbst ist ihnen zu früh durch aufgestülpte Verhaltensweisen anderer erdrückt worden.

Die früh überforderten Menschen konnten sich nur behaupten durch Anpassung an vorgegebene Muster der Erwachsenenwelt und opferten so ihre Kreativität gänzlich oder einen Teil davon. *Unter*forderte Menschenkinder gehen einen ähnlichen Weg. Schwierigkeiten werden ihnen nach Möglichkeit aus dem Weg geräumt, bevor sie nur daranstoßen. So erhalten sie ein allzu optimistisches Weltbild. Ihre Eigenkräfte werden zu wenig auf den Plan gerufen. In einer Art Parasitenmentalität erwarten sie stets, daß andere für sie «die Kastanien aus dem Feuer holen». Eltern, die sich selbst überfordern, neigen dazu, ihre Kinder in dieselbe Form zu pressen – oder sie stellen dann keine oder zu wenig Leistungsansprüche unter dem Motto: Die Kinder sollen es besser haben als wir! Mancher Jugendliche wird zum Gammler und Nichtstuer, weil er bewußt und mehr noch unbewußt Protest einlegen will gegenüber dem sklavischen Zwangsarbeits- und Lebensstil seiner Eltern. In den Kindern kommen ja bekanntermaßen recht oft die verdrängten Lebenskräfte der Eltern zum Austragen.

Neben dem Gammler finden wir in arrivierten Familien häufig den Revolutionär. Der Sohn oder die Tochter fühlen sich durch das abgehetzte Erfolgsleben des Vaters keineswegs aufgemuntert, einen ähnlichen Lebensstil zu entwikkeln. Die Klagen der Mutter über die dauernde Abwesenheit des Vaters fördern die ablehnende Haltung.

In der Schule wird im Minimalismus-Stil gearbeitet. Wieviele Punkte muß ich erreichen, daß ich gerade noch zur nächsten Klasse aufsteigen kann? Fleißigere Kameraden müssen bald einen tyrannischen Druck aushalten. Der Fleißige wird zum bloßen Streber disqualifiziert, die eigenen Bildungs- und Berufschancen werden verbummelt. Um so kräftiger muß die Gesellschaft als Sündenbock herhalten.

Die nicht aktivierte Vitalität schlägt immer mehr in *Zerstörungstendenz* um. Weil man nichts aufzubauen versteht, muß man zwanghaft niederreißen. In Proklamationen, Flugblättern, Besetzungen frönt man einem Pseudo-Heroismus in großen Worten und merkt dabei nicht, daß vielleicht längst schon geheime Drahtzieher aus dem politischen Untergrund sich ins Fäustchen lachen. Das Erwachen aus der Revolutions-Odyssee ist gewöhnlich recht bitter. Kostbare Zeit des Lebensaufbaus ist vertan. Die früher so verachteten Kameraden haben ihre Lehre oder ihre Fachausbildung beendet. Jetzt muß mühsam nachgeholt werden. Es gibt junge Erwachsene, die es noch schaffen. Es sind meist diejenigen, für die das Revolutionieren nicht nur eine billige Flucht war. In einer Art von negativem Idealismus versuchten sie sich aggressiv an ihrem belasteten Menschen- und Weltbild zu rächen. Andere finden nicht mehr heraus. Sie vermögen sich keine seriöse Existenzgrundlage mit eigenen Kräften aufzubauen. Die eigenen Eltern oder die Freundin werden kräftig ausgenützt. Es wird von «freier Liebe» und nicht verstandener Genialität gesprochen. Wenn auch dieses Spiel aus ist, bleibt die Flucht in die Traumwelt: Vagabundieren, Alkohol, Drogen. – Ein körperlicher und seelischer Selbstzerstörungsprozeß nimmt seinen verhängnisvollen Lauf. Die Selbstmordstatistik zeigt ständig ansteigende Zahlen. Sie sind in den hochzivilisierten Ländern erschreckend angestiegen, besonders unter der finanziellen Oberschicht der Bevölkerung. Nicht vergebens spricht man von «tödlicher Langeweile», die recht oft die Kehrseite eines materiell voll gesicherten Lebens darstellt.

Wie nimmt sich unser Leben gegenüber den soeben geschilderten Extremfällen aus? – Selbstsicherer Pharisäismus wäre jedenfalls fehl am Platz. Jede Lebensphase muß wieder neu angegangen werden. Neben dem Aufbau der Existenz und der Sinnerfüllung in einem individuell angemessenen Beruf geht es auch um die Frage der Liebe und der Mitmenschlichkeit. Die Gefahr besteht, daß der Berufserfolg, die Karriere alles verschlingt. Die Familie wird ins Schattendasein gedrängt; für Freundschaft und Kollegialität bleibt keine Zeit mehr.

Die sozialen Bedürfnisse gehören jedoch wesentlich zum Menschen. Wenn er sie selbst dauernd mißachtet, werden diese Urkräfte, die ihm zur Hilfe gegeben sind, ihn zerstörend bestrafen. Es ist nicht nur angenehm, sondern notwendig, sich vom sachlichen Streß in einem liebevollen Getragensein zu erholen. In Freundschaft und Gemeinschaft können wir uns wieder auffangen, zu uns selber kommen,

vorausgesetzt, daß diese Du-Beziehung tatsächlich lebendig ist. Ein bloßes Institutionsgehäuse genügt nicht.
Bemühen wir uns selbst auch, eine einmal begonnene Beziehung lebendig und reich zu erhalten? Oder lassen wir sie achtlos verkümmern und sterben? Kostbare Werte wollen gepflegt werden. Durststrecken sind durchzuhalten, wenn sie wieder durch intensive Begegnung abgelöst werden. Die *Balance* zu finden zwischen *Arbeitspflicht* und *mitmenschlicher Beziehung* ist nicht immer leicht. Ein bloß eindimensionales Leben würde uns scheinbar dieses schmerzlichen Zwiespalts entheben.
Ein «Erek»[4], die Hauptfigur aus einem Epos von Hartmann von Aue, der sich «verlieget» und ein «Iwein», der sich «verrîtet»[5], sind zu archetypischen Gestalten eines isolierten Liebes- und Leistungsstrebens geworden: der eine vergaß über den Ritterabenteuern seine Liebe zu Frau und Kindern, der andere ging im Minnedienst unter und versagte in seiner Leistung als Ritter.
Die Mißachtung und Verdrängung der beiden großen Lebenskräfte zur Liebe und zur Arbeit – in den meisten Fällen wird es sich um eine einseitige Akzentuierung handeln – bekommt dem Menschen nicht. Sie werden sich an ihm rächen.
Der Mann neigt bei der heutigen Wirtschaftslage eher dazu, die Arbeit zu verabsolutieren und das Gemüt verkümmern zu lassen. Gegen die Lebensmitte zu, wenn der Berufserfolg meistens sich dem Höhepunkt nähert, wird er seine Einstellung nicht nur quantitativ, sondern auch qualitativ überprüfen müssen: Bin ich nicht daran, meine Seele, meine Mit-

---

[4] Hartmann von Aue: «Erek» (um 1190).
[5] Hartmann von Aue: «Iwein» (nach 1200).

menschlichkeit an Prestige und materielle Güter zu verlieren?

Die Frau der mittleren Jahre kommt auch nicht um die Selbstprüfung herum: Ist meine Liebe kreativ geblieben – oder suche ich die geliebten Wesen, Mann und Kinder, so an mich zu binden, daß sie sich nicht mehr frei entfalten können? Was tue ich mit meiner frei gewordenen Zeit? Wage ich ein Engagement auch für andere Menschen, zum Beispiel in einem sozialen Dienst, oder nehme ich teilweise oder ganz eine zusätzliche Berufsarbeit auf?

Dies sind höchst schematische Fragestellungen, die aber in den Grundakzenten für die Mehrheit wohl zutreffen dürften. Wie das Epos den an die Liebe festgebundenen Erek darstellt, den tatenlosen Frauenheld von früher und heute, so existiert als Gegensatz auch die kalte Karrierefrau, die nicht mehr mit dem Herzen, sondern nur noch nach Prinzipien lebt.

Es dürfte einer der wertvollsten Beiträge der Jungschen Psychologie sein, darauf hingewiesen zu haben, daß in der Lebensmitte eine wichtige seelische Gesetzmäßigkeit ins Spiel kommt: Das bisher einseitig gelebte Leben läßt sich nicht weiterhin vergewaltigen. Was bis jetzt unentwickelt blieb, kann sich plötzlich Bahn brechen, meist zuerst in primitiver, infantil gebliebener Form. Dieses Gesetz des Gegenlaufs der einseitig gelagerten Energie findet sich schon bei Heraklit; als psychologische Wirklichkeit ist es von der Psychotherapie in der Erfahrung vieler Menschen festgestellt worden.

Ein Traumbericht soll eine solche seelische Wende verdeutlichen. Es handelt sich um eine intellektuell hochstehende Frau, Mitte der Vierzigerjahre, mit großem äußerm Berufserfolg. Jahrelang hatte sie nur ihrer Karriere gelebt, im

tiefsten war sie aber unglücklich. Der Selbstzerstörungsdrang zeigte sich öfter in Form von Zwängen und Todeswünschen:
«Mir träumte, ich liege in einem mittelalterlichen, schön geschnitzten Bett inmitten eines hohen runden Turmes. Den Wänden entlang befanden sich nichts als Büchergestelle. Unten standen die Bücher ganz dicht beisammen, nach oben hin waren nur noch vereinzelte Bücher zu sehen und schließlich nur noch leere Gestelle. Der Turm trug kein Dach. Ich konnte direkt in den gestirnten Himmel hinaufblicken; da begriff ich während des Traumes, daß die wesentlichsten Dinge nicht durch intellektuelles Wissen zu erfassen sind, daß das Unsagbare sich unserm Zugriff entzieht. Es muß geschenkt werden können.
Plötzlich fingen alle Bücher an, nach vorn und hinten zu schwanken. Ich fürchtete, sie würden mich erschlagen. Auf einmal hörte ich neben mir eine höhnische Stimme lachen. Es war ein Ritter, ganz in Eisen gepanzert, das Visier geschlossen. Je mehr er lachte, desto bedrohlicher schwankten die Bücher.
Da löste sich von der Wand ein wunderschönes Frauenbild aus dem Rahmen, das ich vorher nicht bemerkt hatte. Es glich einer Madonna aus der Renaissance. Es schwebte auf mich zu und ging in mein Herz ein.
In diesem Augenblick stieß der Ritter einen Fluch aus und verschwand. Auf der andern Seite meines Ruhebettes stand nun eine verschleierte Frau. Sie hob den Schleier und lächelte mir gütig zu. Die Tränen kamen mir. Ich weinte noch lange. Alle Angst war verschwunden, ich war erlöst. Auch nach dem Erwachen strömten die Tränen weiter, wie wenn ein jahrelanger böser Bann endlich gebrochen wäre.»
Der Traum hat viele Dimensionen. Uns beschäftigt hier die

Not der im Intellekt fixierten Frau und ihre Erlösung hin zu ihrem Frau-Sein. Im eisenbeschlagenen Ritter läßt sich unschwer der Animus der Frau erkennen. Jahrelang hat sie mehr ihre männlichen Kräfte gelebt. Sie konnte sich nie damit abfinden, «nur» eine Frau zu sein, ihrer Mutter ähnlich sein zu müssen, die sie als oberflächlich und leichtfertig empfand. Sie schämte sich schon als Mädchen für sie. Schon früh suchte sie in den Büchern Ersatz. Gleichzeitig kam es auch zu einer innern Isolation trotz vieler äußern Beziehungen. Sie erlebte sich eingeschlossen in einem Turm, der allerdings nach oben hin offen war. Das Frauliche in sich mißachtete sie – im Traum sah sie das Bild erst, als es sich von der Wand löste. Es war «ein Madonnenbild aus der Renaissance» – Renaissance, Wiedergeburt geschah ihr durch das Eingehen des Bildes in ihr Herz. Ihre eigene Anima stand noch verschleiert neben ihr. Sie sprach nichts. Aber in ihrem Lächeln fand sie die Bestätigung, endlich zu sich selbst gefunden zu haben. Der einseitige Bann war gebrochen. Der Animus hatte seine Alleinherrschaft verloren.

Selbstverständlich war es mit dem Traum allein nicht getan. Es brauchte Jahre der Reifung, aber die Gefahr war entdeckt und das Ziel neu gewonnen. Statt aggressiver Selbstzerstörung begann nun kreative Selbstverwirklichung: Ihre frühere Gereiztheit und Nervosität baute sich ab.

Sie sah nicht mehr in jedem Mann einen potentiellen Gegner. Widerspruch konnte sie sachlicher entgegennehmen, im Laufe der Zeit sogar mit Humor. Ihre Arbeitshast, die unangenehm aggressiv auf die Umgebung gewirkt hatte, wandelte sich in ein menschlicheres Tempo. Sie konnte nun auf ein Imponiergehaben verzichten.

Bei ihrer Mutter begann sie neben den Schwächen auch die positiven Seiten zu entdecken, was ihr anderseits auch mehr

Liebe und Zuwendung einbrachte. Manche, die früher Angst vor ihr empfunden hatten, wagten ihr Vertrauen entgegenzubringen.
In dieser kurz geschilderten Entwicklungswende handelt es sich gleichsam um ein Grundmuster einer Aggressionsveränderung. Das sexuelle Selbstverständnis ist eng damit verknüpft und erfuhr auch eine Gesundung. Die Angst, nur in Höchstleistung von übergroßer Quantität und Qualität bestehen zu können, wich einem entspannteren und doch zielgerichteten Tun.
Solche großen Veränderungen brauchen Jahre. Das *Aggressionsproblem* begegnet uns aber auch *im kleinen Detail des Alltags,* ohne daß eigene Fehleinstellungen als Ursachen wirken:
– Auch bei guter Planung kommt es zu Streß-Situationen. Unvorhergesehenes bringt uns in Zeitnot. Wir geraten in Hetze, in Angst, nicht mehr zurechtzukommen.
– Es gibt keine mitmenschliche Umgebung, in der nicht aggressionsfördernde Spannungen bestünden. Ohne jeden sogenannten «bösen Willen» leidet man an der Verschiedenheit der Charakterstrukturen.
– Selbst im Kreis sympathischer Menschen kommt es zu Mißverständnissen, Kränkungen, denen vielleicht nachträglich gezielte Absicht unterschoben wird.
– Durch Vergeßlichkeit, die möglicherweise durch ein plötzliches Abgelenktwerden verursacht wurde, gelangt eine Information nicht weiter. Nun fühlen sich die andern übergangen; zudem ist man jetzt nicht richtig vorbereitet. Die Kommunikationswissenschaft hat nachgewiesen, daß die meisten zwischenmenschlichen Störungen auf Informationsfehlern beruhen. Auch eine richtig gegebene Information kann falsch verstanden und weitergegeben werden.

Das Ergebnis ist eine allseitige Gereiztheit, die ein konstruktives Zusammenleben und Zusammenarbeiten erschwert.
– Ein privates Problem belastet. Es ist noch keine Lösung in Sicht. Einiges an Energie wird dadurch in Anspruch genommen. Mit der restlichen Kraft müßte nun wie sonst das übliche Maß an Spannungen und Arbeit durchgetragen werden. Die Frustrationstoleranz sinkt. Man verliert rascher als sonst die Geduld, reagiert ungeschickt; der andere fühlt sich angegriffen – und der Teufelskreis von Kränkung und Gereiztheit ist da. Ausgerechnet jetzt, da man liebe Worte besonders nötig hätte.
– Krankheiten, Mißgeschicke aller Art ließen seit Wochen nie mehr eine wirkliche Entspannung zu. Alles, woran man Freude hätte, mußte zurückgestellt werden. Nur noch der Druck der Pflicht und Sorge war spürbar. Ist es da verwunderlich, daß man kaum mehr fähig ist, sachgemäß auf Kritik zu reagieren?
– Dauernd wird der Schlaf gestört durch unser ängstliches Bübchen, das unbedingt ins Bett genommen werden will; dazu kommt noch das zwei Monate alte Baby mit seinen Ansprüchen.
– Die wirtschaftliche Rezession belastet das Geschäftsbudget. Vielleicht müssen Entlassungen in Aussicht genommen werden. Harte Entscheide drängen sich auf. Sie werfen ihre Schatten voraus.
Die Liste der aggressionsfördernden Gegebenheiten ließe sich ins fast Endlose verlängern. Eines steht fest: Das Problem stellt sich uns täglich, und damit auch die Aufgabe, *aufgestaute Energien zu bewältigen.*
Wenn wir nichts tun, wird der Druck ansteigen, bis eine Entladung gewaltsam sich Bahn bricht. Daß dies auf destruktive Weise geschehen wird, ist uns durch Eigen- und

Fremderfahrung bekannt. Die einen entladen sich aggressiv in Worten und Taten, die andern leben die Aggression gegen sich selbst aus: eine zunehmende Depression schlägt alle Lebensfreude nieder, psychosomatische Störungen häufen sich, schließlich wird man krank.

Daher dürfte es einer klugen Lebenseinstellung entsprechen, solchen *Fehlreaktionen vorzubeugen:*

– Auch in Streß-Zeiten, seien es schwere Sorgen oder Arbeitsdruck, suchen wir uns gelegentlich loszureißen. Kleine Freuden sind uns dann besonders notwendig, vor allem, wenn wir glauben, keine Zeit mehr dafür zu besitzen.

– Steigt der Aggressionspegel in der mitmenschlichen Beziehung über das Durchschnittsmaß hinauf, ist es höchste Zeit, wieder einmal eine Standortbestimmung gemeinsam zu treffen und nicht zuzuwarten, bis man sich nur noch anschreien kann. Meistens schieben wir eine Konfliktaustragung hinaus, bis der Konflikt uns emotional überwältigt. Das Ergebnis sind primitive Ausbrüche auf beiden Seiten. Richtiges Streiten müßte eben gelernt werden. Der Erwachsenenbildung stünde hier ein dankbares Feld offen.[6]

– Das Funktionieren oder Nicht-Funktionieren der Information müßte sporadisch immer wieder überprüft werden. Nur so kommen Vorurteile und Mißverständnisse zum Vorschein. Wenn auch nicht alle beseitigt werden können, weiß man wenigstens darum. Man lernt damit umzugehen. Sie überfallen einen dann nicht mehr plötzlich wie wilde Tiere aus dem Hinterhalt.

– Die Kinder erfinden Spiele, um ihre Aggressionen und

---

[6] Gordon: Familienkonferenz, Hamburg 1972.
Roger, C.R.: Partnerschule, München 1975.
Oraison, M.: Mit Konflikten leben, Olten 1973.

Ängste besiegen zu können. In irgendeiner Form brauchen auch wir Erwachsene das Spiel als Ausgleich zum sonstigen Zweckleben. Hobbies sind keine Zeitverschwendung, sondern Therapie. Tanzen, Musizieren, Malen, Blumenpflanzen, was immer uns Freude bereitet, hilft uns zur seelischen Selbstregulation, uns selbst und den andern, die mit uns zu leben haben.

– Vitale Naturen bedürfen oft einer etwas starken Aggressionsentladung: Sport mit Knalleffekten, rassige Kampfmusik, ein Marsch – nicht ein zahmer Spaziergang –, ein Fußballmatch mit den üblichen Lärmkundgebungen.

Unsere Lebensenergie ist kostbar. Es ist Lebenskunst, sie für die richtigen Ziele einzusetzen. Stauungen sind zum Teil unvermeidbar. Je bewußter wir mit unserm Energiehaushalt umgehen, desto rascher können wir negative Aggressionen erkennen und sie zu legitimen Entladungen führen. Es gibt auch den «heiligen Zorn», der im Kampf um Wesentliches schöpferisch wird.

VI. Der Lebensraum – Ein Faktor der Selbstfindung

Uns interessiert hier vor allem die Frage: Wie muß ein Lebensraum beschaffen sein, damit er unsere Selbstwerdung ermöglicht und fördert? Auch die Gegenfrage: Kann der Lebensraum unsere persönliche Entwicklung negativ beeinflussen? Kann er hemmen, beschneiden, sogar erdrücken? – Wie reagieren wir auf die eine wie auf die andere Ausgangslage? Hat unsere Reaktion überhaupt einen Sinn? Beruht sie nicht auf einer utopischen Selbsttäuschung? Haben vielleicht die Milieutheoretiker doch recht, die den Entwicklungsprozeß des Menschen auf die einfache Formel bringen: Der Mensch ist das Ergebnis eines wechselseitigen Prozesses von vererbten Anlagen und äußern Umwelteinflüssen? Er zeichnet sich durch seine Unabhängigkeit von einem bestimmten Lebensraum vor allen anderen Lebewesen aus.

Das Tier ist auf einen bestimmten Lebensraum hin programmiert. Seine ganze Struktur ist abgestimmt auf spezifische Reize aus einer vorgegebenen Umwelt. Bleibt dieses Milieu im wesentlichen unverändert, ist die Selbst- und Arterhaltung des Tieres garantiert. Verliert die umgebende Natur ihr Gleichgewicht, wird sie gewaltsam verändert, ausgebeutet, vermag das Tier nicht mehr darin zu leben: Es wandert aus. Vielleicht findet es ähnliche ertragbare Lebensbedingungen und kann überleben. Wenn nicht, ist es zum Aussterben verurteilt. Die Geschichte der Zoologie beweist uns, daß manche Tierarten aussterben, weil ihr Lebensraum sich für sie ungünstig veränderte.

Der Mensch hingegen ist nicht auf einen bestimmten Lebensraum festgelegt. Er ist «*weltoffen*»[1]. Gerade seine Instinktarmut macht ihn zum Eroberer der Welt. Weil er nicht spezialisiert ist auf bestimmte Reize, kann er sich stets auch neuen Reizen öffnen, Lebensräume wechseln. Die veränderten Bedingungen des Lebensraumes haben ihn zum Erfinder gemacht.

Es ist uns allen bekannt, daß die Evolution in ein kritisches Stadium eingetreten ist. Der naive Fortschrittsglaube weicht langsam der Überzeugung, daß die Ausbeutung der Natur und die Selbstanbetung in einer immer raffinierteren Technik an Grenzen stößt, die nicht ungestraft mißachtet werden dürfen. Es gibt kein unbeschränktes Wachstum.[2] Es ist nicht alles machbar. Die heutige Generation darf ihren Lebensraum mit seinen Energiequellen nicht schamlos ausnützen auf Kosten kommender Generationen. Die ökologischen Fragen sind Probleme von weltweiter Bedeutung geworden. Sie müssen gesehen werden, wenn die Menschheit überleben will.[3]

Die großen Fragen um den Lebensraum gehören in den Arbeitsbereich von Ökologen, Wirtschaftswissenschaftlern, Politologen, Soziologen, Regionalplanern und andern. Uns beschäftigt vor allem die psychologische Fragestellung um den Lebensraum.

Wir können einen Raum sehr verschieden erleben, je nachdem, welchen Platz wir in ihm einnehmen. An einem Symbolbeispiel soll dies etwas verdeutlicht werden: Der Kreis

---

[1] Gehlen, A.: Anthropologische Forschung, Hamburg 1968.
Portmann, A.: Entläßt die Natur den Menschen? Zürich 1973.
[2] Meadows, D.: Grenzen des Wachstums, Stuttgart 1972.
[3] Toffler, A.: Der Zukunftsschock, Bern 1970.

bedeutet unsern Lebensraum. Der Punkt irgendwo im Innern, das bin ich. Was empfinde ich nun?

«Ich fühle mich geborgen, denn ich bin rundum beschützt», sagen die einen. «Es kann mir nichts passieren; zudem kann ich mich ja frei im ganzen Feld bewegen.»
Andere meinen: «Ich fühle mich eingeschlossen. Nirgends ist eine Lücke, um in die Freiheit auszubrechen. Es steigt eine Angst in mir hoch: Ich müßte in diesem Raum ersticken.»

In dieser zweiten Position sitzt der Punkt genau im Zentrum des Kreises: «Einesteils gefällt es mir. Ich habe das Gefühl, von der Mitte her den ganzen Kreis in Bewegung versetzen zu können. Er wird wie zu einem Rad, das ich drehe. – Andernteils komme ich mir vor wie ein Zirkus-Clown, der in der Manege von allen Seiten her angeschaut wird. Es ist unangenehm, dauernd im Mittelpunkt zu sein und nirgendwohin flüchten zu können.»

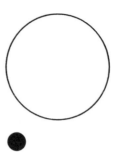

In der dritten Position befindet sich der Punkt außerhalb des Kreises.
«Ich fühle mich ausgestoßen aus der Gemeinschaft. Ich habe keine Heimat mehr. Ich bin schutzlos. Ich hänge im Nichts – Ich bin vollkommen allein – aber ich bin auch frei. Ich kann ungehemmt die ganze Weite erfahren. Nichts und niemand hemmt mich. Ich muß keine Rücksicht mehr nehmen. Es ist auch niemand da, der Rücksicht nähme auf mich. Vielleicht wird diese grenzenlose Freiheit mir doch langweilig, wahrscheinlich sogar unheimlich.»

In der vierten Position befinde ich mich genau auf der Peripherie des Kreises:
«Ich gleiche einem Glied, das in einer geschlossenen Kette mitmacht. Ich werde mitgetragen und trage meinerseits mit – jetzt kommt eine Unruhe über mich: Ich bin ja festgena-

gelt an einem bestimmten Platz! Ich habe keinen Raum, um mich zu bewegen. Ich möchte mich losreißen. Diese Kette ist unerträglich. Wohin soll ich? Nach innen in die Sicherheit oder nach außen in die Freiheit? Ich weiß es noch nicht. Ich schwanke zwischen beiden Möglichkeiten –.»

Wie diese Beispiele zeigen, ist in unserer Grunderfahrung der Lebensraum eng verknüpft mit dem *Spannungsfeld von Freiheit und Geborgenheit*. Jede dieser seelischen Realitäten erfordert ihren Preis. Die Angst vor der Enge wie vor der Weite bricht auf, wenn nur das eine oder das andere gelebt sein sollte. Die Qual, zwischen den beiden Möglichkeiten zu entscheiden, dürfte nicht geringer sein. Daraus ergibt sich, daß wohl keine dieser Extrempositionen auf die Dauer die alleingültige sein kann. Die Lösung muß anders gefunden werden.

Es drängt sich ein Wechsel der Positionen auf. Wir Menschen brauchen beides: einen Lebensraum, der uns Sicherheit und Geborgenheit gibt und Zufluchtstätte ist, ein warmes Nest, von dem aus wir wieder ausfliegen können in die verschiedenen Wagnisse des Lebens. Wenn dies in einem gewissen Rhythmus möglich ist, kommt ein wohltuender Ausgleich zustande. Die Einsamkeit wird nicht zur Isolation und die Gemeinschaft nicht zum Kerker.
Die Akzente zwischen drinnen und draußen wechseln im Laufe des Lebens. Ältere Leute im Rentnerstand sind recht häufig auf Reisen zu treffen. Die junge Mutter ist in vielen Fällen mehr ans Haus gebunden. Auch wenn sie ihre Kinder liebt, leidet sie unter den Einschränkungen ihres Lebensraumes, ein Faktum, das von manchen Männern kaum beachtet wird. Viele junge Frauen haben nie gelernt, ihre Bedürfnisse

anzumelden und selbst etwas zu tun, um sie zu realisieren. Ein falscher Opferbegriff fixiert auf einen überstrapazierten Verzicht, der letztlich niemanden beglückt. Die Initiative zum regelmäßigen Austausch der Kinderhütepflichten mit andern Müttern könnte wenigstens ein Minimum von Freiheitsraum schaffen, wenn auch für längere Zeit eine größere Belastung nicht zu umgehen ist. In der partnerschaftlichen Ehe wird der Vater auch seinen Anteil leisten. –

Junge Leute müssen sich erst im Freiheitsraum erproben, bis sie fähig sind, selbst eine eigene Familie zu gründen. Auf die Problematik all dieser Probeversuche, angefangen von der Kommune bis zur «Probeehe» kann hier nicht besonders eingegangen werden. Manche Experimente gleichen etwas dem Symbol-Punkt auf der Peripherie: sie lassen weder die Geborgenheit noch die Freiheit voll zum Erlebnis kommen. Die Situation gleicht oft der Kafkaschen Unentschlossenheit, der «Kaiserlichen Botschaft», die nie ankommt, oder dem Stehen «Vor dem Gesetz», vor dessen Türe man ein Leben lang wartet. Liebe läßt sich eben nicht ausprobieren, sie läßt sich nur wagen in Vertrauen und tapferer Hingabe.

Grunderfahrungen des Lebensraums haben auch in Märchen und Mythen ihren Ausdruck gefunden. Die *eigenen Seelenzustände* wurden vom Menschen nach außen projiziert. Die Vertikale, das Unten und Oben hat sich gleichsam zur metaphysischen Achse gestaltet: Sehnsüchte und Ängste, höchstes Glück und Schuld wurden in diese Dimension verlegt. In fast allen Kulturen gilt die *Unterwelt* als das Reich der Toten, dort hausen auch die Schicksalsgöttinnen, die den Lebensfaden des Menschen spinnen und zur gegebenen Stunde abschneiden. Durch heilige Brunnen und Felsspalten, über heilige Flüsse kann man zu ihnen gelangen. Wenn ein Lebendiger in die Unterwelt hinabsteigt – psychologisch gesprochen, wenn er den Mut hat, in den tiefsten Lebensraum des Unbewußten einzudringen – dann muß er sich mit Schrecken und Ängsten auseinandersetzen. Wagt er es aber trotzdem, wird er Rat und Weisung erhalten und reich beschenkt von dannen ziehen. Frau Holle überschüttet ihn mit ihrem Gold, die Zwerge als Symbol der dienstbar gewordenen Instinkte und Triebe schenken ihm ihre Schätze. – Die Unterwelt ist für die Faulen und Herzlosen jedoch Strafort. Frau Holle läßt Pech regnen auf das Mädchen, das jeden Hilferuf mißachtet hat – von «Holle» stammt übrigens auch der Ausdruck «Hölle». Die altgermanische Göttin der Unterwelt Hel wurde zur Überwindung der eigenen Angst mit dem freundlichen Namen «Hulda», «Holde Frau» angesprochen, aus dem sich später die «Frau Holle» entwickelt hat.

Die *Überwelt* wird als der lichte Ort des Geistes verstanden. Dort wohnen die Götter und die seligen Menschen, die den Läuterungsweg des Lebens tapfer zu Ende gegangen sind. Auch der christliche Himmel wird in Symbolen geschildert als herrliches Hochzeitsmahl, als die wundervolle Stadt, das Jerusalem, das von oben kommt, festlich geschmückt wie eine Braut, die auf den Bräutigam wartet[4]. «Seine Tore werden den ganzen Tag offen stehen. Noch mehr, sie werden nie geschlossen, weil es dort keine Nacht gibt.» «Die Stadt braucht weder Sonne noch Mond, damit es hell in ihr wird. Die Herrlichkeit Gottes erleuchtet sie. Gott selbst wird als ihr Gott bei ihnen sein. Er wird alle ihre Tränen abwischen. Es wird keinen Tod mehr geben und keine

---

[4] Apokalypse 21,2.

Traurigkeit, keine Klage und keine Quälerei mehr. Was einmal war, ist für immer vorbei.»[5]

In diesem Bild kommt eine Überfülle von menschlicher Hoffnung zum Ausdruck: Ein Lebensraum voller Schönheit und Güte, dessen Tore immer offen stehen.

Das Bild rührt seltsam an unsere Seele. Etwas Urbildhaftes, etwas von Heimat bewegt uns. Auch für die Gegenwart ist etwas darin ausgesprochen, eine Vorstellung, die eine letzte Richtung angibt, auf die ein menschlicher Lebensraum hinstreben müßte, wenn er Ausgangsbasis für die menschliche Selbstwerdung sein sollte.

Wir leben *stets in mehreren Lebensräumen:* im Innenraum unserer Seele, die im Körper ständig sich ausschwingt und sich ausdrückt, im Beziehungsraum zu unsern Mitmenschen in Familie, Beruf und Bekanntenkreis, im weiten Raum der Öffentlichkeit, in dem wir als winziger Teil in der Bedeutungslosigkeit zu versinken scheinen – und doch hat ein jeder seinen Existenzsinn, seine unaustauschbare Bedeutung.

Der enge und der weite Lebensraum erhält durch *verschiedene Faktoren* sein besonderes Gesicht:

– Die *Landschaft,* in der wir leben, formt unseren Charakter mit; nach Meinung mancher Akzelerationsforscher hat sie auch Einfluß auf Körperbau und Wachstum. Der urwüchsige Bergler spiegelt in seinem Charakter Stärke und Selbstverständlichkeit der Natur wider. Ein zäher Widerstandswille läßt ihn selbst Naturkatastrophen mit Gleichmut durchstehen. Das fast tägliche Bedrohtsein durch die wohl schöne aber auch gefährliche Natur weckt einen Gemeinschaftssinn, der in selbstverständlicher Hilfsbereitschaft in

---

[5] Apokalypse 21,25. 21,23. 21,3-4.

der Not wie in der Tradition der Feste und Bräuche zum Ausdruck kommt.

– Die *Siedlungsform* beeinflußt vor allem das Selbstbewußtsein und die Kommunikationsweisen. Man lese nur Jeremias Gotthelf. In seinen Romanen begegnen uns die stolzen Bauern auf ihren Höfen, die wie Könige ihr Reich regieren. Die Leute im Dorf wirken schon kleiner im Format. Man sieht sich fast in den Suppentopf hinein. Neugierde und Klatsch können ihre Blüten treiben. Dorffeste, Beerdigungen, Taufen und Hochzeiten haben noch einen Sitz im Leben der Gemeinschaft. – Die Stadt hat ein vielfältiges Gesicht. Neben dem kollektiven Stadtbewußtsein, das weniger auf Gemeinschaft, sondern auf dem Stolz über frühere und vielleicht auch über gegenwärtige Kultur beruht, beeinflußt vor allem das Quartierprestige das Selbstbewußtsein: Kinder aus Villenquartieren blicken oft etwas verächtlich auf die Wohnblock-Quartierkameraden herab. Als Erwachsener kann man hingegen in der Stadt voll untertauchen. Man grüßt sich kaum, hastet aneinander vorbei. Man genießt Fluch und Segen der Anonymität: niemand fordert etwas, seinerseits hat man auch von niemandem etwas zu erhoffen, es sei denn, daß ein kleiner Freundeskreis entsteht, eine Wahlgemeinschaft im kleinen, die man selbst aufbaut. Eine vorgegebene Traditionsgemeinschaft wie in einem Dorf existiert selten; die Kirchen bemühen sich neuerdings, die Pfarrgemeinde als Lebensraum wieder zu aktivieren durch Bildungs- und Unterhaltungsangebote und vor allem durch soziale Dienste.

Je größer die Siedlungsform ist, desto künstlicher wird sie. Die Asphaltkinder erleben die Natur, das Werden und Vergehen, nur noch in gewissen Reservaten, zu denen sie vielleicht wenig Zugang haben. «Rasen betreten verboten!»

heißt es in den Parks. Da ist kein freier Auslauf in der Natur mehr möglich. Das Bewegungs- und Abenteuerbedürfnis findet wenig Spielraum. Es wird ersatzweise auf Lift- und Treppenfahren verlegt, auf Selbstbedienungsläden und Kioske. In der Betonwelt kann der Hunger nach Naturerlebnissen auch zu einer schöpferischen Gegenreaktion führen: Kinder beginnen Sonnenblumenkerne und Samen in kleinen Kästen und Töpfen zu ziehen, Meerschweinchen und Wellensittich halten Einzug. Am Sonntag fährt man nach Möglichkeit aufs Land. Für den Städter wird die Natur Erholungsraum, während sie für den Landmenschen Lebensraum im vollen Sinne des Wortes geblieben ist. Der Rhythmus der Natur löst manche Spannung, während die Betonwelt Isolation und Anonymität nur bewußter machen.

– Das *Klima* als Faktor des Lebensraumes wird in unsern Zonen weniger bewußt wahrgenommen, weil wir den abwechslungsreichen Kreis der Jahreszeiten erleben dürfen. Das Arbeiten ist uns in der gemäßigten Zone vom Klima her relativ leicht gemacht. Die Arbeitsintensität nach Qualität und Quantität hat jedoch im industriellen Machtkampf die Deformation zum Streß erlitten. Wir hetzen durch das Leben und haben kaum Zeit, die Annehmlichkeiten unseres Wohlstandes zu genießen. – Der Mensch in südlichen oder gar in tropischen Gegenden wird schon durch die Natur zu einem gemächlicheren Tempo genötigt. Wir müßten in dieser Frage eine bewußte Lebensplanung versuchen.

Die *Technisierung* bringt Erleichterungen in den Lebensraum des Einzelnen, die er recht gerne zur Kenntnis nimmt: elektrische Energie, Zentralheizung, rasche Kommunikationsmöglichkeit durch Telefon und Verkehrsmittel, Radio und Fernsehen für Bildung und Unterhaltung, eine Massen-

produktion von Konsumgütern, die früher nur einer bevorzugten Schicht vorbehalten waren. Alle diese Vorteile sind teuer erkauft durch Luft- und Wasserverschmutzung und vor allem durch Lärm, der mancherorts die Toleranzgrenze schon längst überschritten hat. Die Konsumgewohnheiten mit den Wegwerfpackungen äufnen unsere Abfallhaufen bis zum Bedrohlichen. Typische Zivilisationskrankheiten bedrohen nicht nur die Gesundheit Einzelner, sondern ganzer Berufsgruppen.
– Der geistige Raum unserer *Kultur* leidet an einer unheilvollen Zerrissenheit. Durch die Technik war es möglich, eine künstliche Super-Welt zu errichten. Sie mag durch Exaktheit und Ausmaß imponieren. Der Mensch wird aber sich selbst entfremdet, er wird zum Gefangenen seiner eigenen Werke. Dazu ein Beispiel (zitiert nach Hugo Kükelhaus in: «Leistung zwischen Streß und Spiel»)[6].
«Anfang 1967 wurde in New York eine neuerbaute Schule in Dienst genommen, bei der durch Zusammenwirken bester Absichten einerseits und totaler Ignoranz hinsichtlich der fundamentalsten Entwicklungsbedingungen des Kindes anderseits eine Schule als ‹weiße Hölle› oder eine weiße Hölle ‹als Schule› erstellt wurde: keine Fenster, kein Tageslicht, auch nicht durch die kleinste Ritze, weder in den Klassen und Fluren noch im Treppentrakt oder in den Aufenthaltsräumen; alle Wände vom Boden bis zur Decke weiß gekachelt, spiegelglatte Böden, ausschließlich schattenlos geführtes überhelles Leuchtstofflicht, Vollklimatisierung durch Addition biologisch absolut negativer Faktoren,

---

[6] Kükelhaus, H.: «Spiel der Kinder: Organisches Gestalten der Umwelt» in: «Leistung zwischen Streß und Spiel», Zürich 1974, S. 115 f.

keine Farben, keine Pflanzen, keinerlei Grün in der ganzen Schule, kein Schulhof als Auslauf.

· Und die Folge? Entwicklungsstörungen, Phobien, Neurosen, aggressive Ausbrüche bei den Kindern – psychische und physische Erkrankungen bei Lehrerinnen und Lehrern. Die Assoziation mit einem Leichenschauhaus ist zwingend, Eltern und Lehrerschaft erhoben Klage. Sie, die Farbigen (Neger u. a.), glaubten, die Weißen hätten ihnen die Schule gebaut, um ihre Kinder auf kalte Art und Weise umzubringen. Sie protestierten bei Architekten und Behörden, aber die Argumente fehlten. Eine kostenlose Glutaminverabreichung pro Tag war die Antwort der Behörden.»

Die Kulturkritiker haben recht, wenn sie darauf hinweisen, daß der technische Fortschritt vorangetrieben wird, während die soziale und ethische Fragestellung mühsam nachhinkt. Immer erst müssen Mißstände entstehen, bis die Auswirkungen auf den Menschen selbst ernsthaft überdacht werden.

Der Ratio und dem Rationellen sind beste Kräfte geopfert worden. Das verleugnete Gemüt schafft sich Bahn in Sentimentalität und Brutalität. Es ist nicht mehr integriert in unserer Kultur und äußert sich auf primitive Weise. «Harte Welle» – «Nostalgie», zwei Extreme, die in Musik und Malerei, in Film und Theater sich seltsam kontrastieren. – Und doch beginnt nebst oder sogar in diesen Signalen unserer Umbruchzeit viel Verheißungsvolles. Es ist an uns, das Echte vom Unechten zu unterscheiden.

Mancher Einfluß auf unsern Lebensraum ist nicht von unserem eigenen Entscheid abhängig. Wir können jedoch unser Verhalten möglichst klug regeln, so daß gewisse zeit- und ortsbedingte Gegebenheiten uns nicht nur lästig, sondern wenn möglich sogar hilfreich werden.

Was für Kennzeichen müßte unser Lebensraum aufweisen, wenn er unsere Selbstwerdung positiv unterstützen sollte? – Es läßt sich schwer ein Charakteristikum nennen, das nicht auch eine negative Kehrseite hätte, wenn ein gewisses Maß überschritten würde. «Optimal» ist nicht gleichbedeutend mit «maximal». Ein *optimaler Lebensraum* kennt immer ein «Sowohl – Als auch». Als mögliche Erlebnisdimensionen könnten gesehen werden:

1. *Gesichert* und geschützt nach dem englischen Motto: «Mein Heim ist meine Burg». Das bedingt eine gewisse Distanz nach außen. Der Intimraum der Familie, auch mein alleiniger Intimraum bleibt nur dann unverletzt, wenn er durch Diskretion gehütet wird. Es ist nicht alles für fremde Augen und Ohren bestimmt. Auch die Intimsphäre der Kinder ist ebenso sorgsam zu respektieren wie die der Erwachsenen. Kinder und Jugendliche haben das Anrecht auf wenigstens eine Schublade, die nur sie selbst öffnen.
Die Geschlossenheit eines Intimraumes schließt jedoch die Gegenposition nicht aus:
2. Zu gewissen Zeiten soll unser Lebensraum auch *offen* sein. Es darf kein Treibhausklima entstehen, keine «Glasglockensituation», in der die Familie als kollektive Gluckhenne nur die eigenen Kücken unter ihre Flügel birgt. Die «geschlossene Familie», der «allzu selektive Freundeskreis» entartet leicht in pharisäischem Supermenschentum, zum mindesten bleibt man steril im Individual- und Kollektivegoismus. – Anderseits ist es ratsam, das Ausmaß der Außenkontakte in einem gewissen Rahmen zu halten, sonst gleicht unser Lebensraum bald einem Taubenschlag oder einer Tankstelle; seine notwendige Funktion als Schonraum und Ruheort wird unmöglich gemacht.

3. Ein *anregender* Lebensraum bereichert. Er bietet aktivierende Reize, d. h. er macht den Menschen nicht zum passiven Konsumenten. Er lädt ein, sich selbst zu betätigen. Auch Besucher helfen mit und langweilen sich nicht, bis die erschöpfte Gastgeberin endlich mit einem Werk aus der Küche daherkommt. In dieser Hinsicht wäre vom amerikanischen Lebensstil einiges zu lernen. – Anregend nicht nur für die Gäste, auch für sich selbst: eine Hausbibliothek mit Sach- und Unterhaltungsbüchern, eine gute Schallplattensammlung. Musikinstrumente, Malutensilien, wenn man Lust hat, eine hübsche Blumenecke und vor allem Sitz- und Liegegelegenheiten nach Lust und Laune. Es weht keine Museumsluft hier, so daß man vor Staunen den Atem anhalten müßte. Hier darf man leben und fröhlich sein. Das Kind wie der Erwachsene brauchen eine lebendige, interessante Umgebung. Ein langweiliger Lebensraum schädigt die Intelligenzentwicklung, führt zu Unruhe und aggressiver Gereiztheit[7]. Ein primitives Reizbedürfnis beginnt anzuschwellen, das meistens auswärts gestillt werden muß: Eheliche Seitensprünge, Herumstreunen der Kinder liegen nahe.

4. Der Lebensraum hat Dienstfunktion und keinen Selbstzweck. Darum muß er zu gewissen Zeiten auch *beruhigend* wirken und Ruhe garantieren. Das Kind sollte vor dem Schlafengehen nicht noch durch neue Eindrücke erregt werden. Gutmeinende aber noch etwas bubenhafte Väter

---

[7] Es sei verwiesen auf die Experimente von Solomon u. a., die Versuchspersonen in reizarme Umgebung versetzten; nebst den oben genannten negativen Wirkungen kam es zu halluzinatorischen Erlebnissen und zur Beeinträchtigung der Sinnesfunktionen. Graumann, c. f.: Motivation, Einführung in die Psychologie, Bd. 1, Frankfurt a. M. 1969, S. 34 f.

überreizen oft ihre Kinder durch Herumtollen und erwarten dann, daß diese plötzlich still, beherrscht und schläfrig seien. – Auch müde Väter und Mütter haben das Anrecht auf einen Mittagsschlaf; die Kinder wissen darum und sind für diese Zeit mit einer eigenen Beschäftigung für sich. Jedes Familienmitglied bedarf gelegentlich besonderer Rücksicht; Takt und Diplomatie können schon früh geübt werden.

5. In gewissem Sinne widerspiegelt der Lebensraum als Wohnraum den Charakter seiner Bewohner. Eine schmutzige, ungepflegte Umgebung dürfte kaum ein gutes Zeugnis darstellen. Ein *gepflegtes sauberes* Zuhause beruhigt und stärkt das Selbstgefühl. Es wirkt gemütlich. Eine sture Sauberkeit hingegen vertreibt jeden Humor: Die Sorge steigt auf, die arme zwangsneurotische Hausfrau in Ängste zu versetzen. So ergreift man besser die Flucht.

6. Ein *einfacher* Lebensraum ist entwicklungsfähig. Allzuviele Möbel und herumstehende Dinge versperren dem Leben den Weg. Kinder finden kaum ein Plätzchen zum Spielen. Mit etwas Phantasie versteht es manches Elternpaar, eine variable Wohnung zu gestalten. Sie ist kinderfreundlich und macht Spaß, weil noch kreative Ergänzungen möglich sind, auf die man sich freuen kann. Es gibt auch prächtige ältere Menschen, die ihre schönen Dinge nicht samt und sonders bis zum letzten Atemzug behalten; sie erfahren zu Lebzeiten, daß Schenken glücklich macht.

Wir werden in gewisse Lebensräume hinein geboren; wir konnten sie nicht auswählen, sie waren uns schicksalhaft gegeben. Wir können sie aber bereichern und individualisieren. Dazu braucht es nicht unbedingt viel Geld, aber Phantasie und Initiative. Vielleicht dürfte man das bekannte alte Sprichwort abändern: «Sage mir, wie du wohnst – und ich will dir sagen, wer du bist.» Falls wir Einfluß haben oder eigenes Besitztum verwalten können – sind wir zur rechten Zeit und im richtigen Ausmaß auch besorgt um den Lebensraum der andern? Können wir zurücktreten, um auch andern Raum zur Selbstwerdung zu ermöglichen?

VII. Schuld und Schuldgefühle

Die Schuld ist ein *Grundphänomen* des menschlichen Daseins. Wie immer einer sich auch zu leben bemüht, er wird sich selbst und den Mitmenschen gegenüber stets im Zustand der Schuld befinden. Immer bin ich den andern und mir selbst etwas schuldig geblieben. «Auch wenn ihr alles getan habt, so sagt: Wir sind unnütze Knechte!»[1] fordert Christus von seinen Jüngern. Oberflächlich betrachtet: eine provozierende Zumutung! «Alles» soll man tun – und dann gleichzeitig noch anerkennen, daß man «unnütz» sei! Das riecht nach kriecherischem Christentum, nach buckliger Demut! Ich darf doch Freude haben an meinen Erfolgen. Es gibt in meinem Leben doch nicht nur Mißerfolge, in die ich trotz Anstrengung hineingeraten bin.

Aber, so frage ich, spürte ich denn nicht doch hinter jeder gelebten Realität, auch wenn sie nach Erfolg und Tugend aussah, das Bruchstückhafte, die Spannung des Ungenügens? Ich lebe und ich werde sterben im Bewußtsein, immer hinter dem vollen existentiellen Vollzug zurückgeblieben zu sein, versagt zu haben vor dem Eigentlichen.

Schuld als Realität und nicht nur als Gefühl ist Gegenstand der Weltliteratur, der großen Mythen. Schuld ist *Streitobjekt verschiedener philosophischer Richtungen:*

In den materialistischen Denksystemen und in einer rein naturwissenschaftlich orientierten Psychologie ist persön-

---

[1] Lk 17; 10.

liche Schuld nicht möglich. Der Mensch ist nur ein Ineinander von physikalischen und chemischen Prozessen, die nach kybernetischen Modellen ablaufen. Wenn er falsch «funktioniert», so wirken sich «Programmierungsfehler» aus. Es sind ihm falsche Normen beigebracht worden, die Dressur auf bestimmte Reflexe hin hat versagt. Vielleicht kann ihn eine Gehirnwäsche noch umprogrammieren – ansonst wird die Gesellschaft die Konsequenzen ziehen müssen.
Im idealistischen Denken wird ein Mensch postuliert, der im paradiesischen Zustand der Unschuld zur Welt kommt. Man müßte ihn nur wachsen lassen! Die Umwelt wird ihm zum Verderben, die Kultur verdirbt ihn – daher die Forderung: Flucht in die reine Natur! Rousseaus «Emil» wächst abseits, in der Einsamkeit einer Blockhütte im Wald auf, Neills Schüler leben in einer Art «pädagogischen Provinz» im Schonraum eines isolierten Internates. Menschliches Versagen wird so gedeutet: Seine Selbstentfaltung wurde verhindert. Er hatte zu wenig freien Spielraum.
Die mehr realistischen Erklärungsversuche sehen im Menschen weder eine wertfreie Summe von Energien, die programmiert werden müßte, noch einen naturhaften Engel, sondern ein Wesen, das im Spannungsfeld von Materie und Geist sich selbstverantwortlich entscheiden muß. Wohl ist der Grad der Freiheit und damit der Verantwortung verschieden groß. Normen beeinflussen ihn; er kann sie aber mit seinem inneren Zielbild konfrontieren, sie annehmen, umformen oder verwerfen. Weil der Mensch Freiheit besitzt, kann er auch schuldig werden. Nach Heidegger[2] ist die Schuld nicht nur eine Zugabe zum menschlichen Dasein, sondern gehört wesentlich zum Menschen als ein Existenzial.

---

[2] Heidegger, M.: Sein und Zeit, Tübingen 1957.

Schuld können wir allgemein zu umschreiben versuchen als ein Sich-Versagen gegenüber einer Forderung der Realität. Dies bedeutet individuell: Sich selbst nicht verwirklichen, das eigene Sein nicht auszeugen, sein Talent vergraben, wie der ungetreue Knecht, sich nur bewahren, das Wagnis des Lebens aber umgehen. Dem andern gegenüber: ihn in seiner Selbstverwirklichung hemmen, kein Interesse für ihn aufbringen, ihn vielleicht sogar irreleiten. Den Mitmenschen gegenüber: Probleme erkennen, den möglichen persönlichen Einsatz aber doch nicht leisten.
Schuld ist nicht nur das destruktiv Böse, sondern *auch das nicht gelebte Gute.* Letzteres ist in der traditionellen Gewissensbildung viel zu wenig betont worden – und doch macht es meines Erachtens den größern Teil unserer Existenzschuld aus.
Schuld und Schuldgefühle stimmen auch beim seelisch gesunden Menschen nicht immer überein:

1. *Naive Grundhaltungen* können durch Verabsolutierung zu schuldhaften Fehlhaltungen werden; *Schuldgefühle bleiben aus,* weil man sich eher als tugendhaft vorkommt. Im konkreten Fall könnte dies zutreffen auf:
– eine Mutter, die Mann und Kinder allzusehr an sich bindet mit der vordergründigen Motivation der Liebe; es geht aber um ein geistiges Besitzen und Verschlingen des anderen.
– einen Freund, der seinem Kollegen nie widerspricht, obwohl er gewichtige Argumente dagegen vorzubringen hätte; sein Ideal ist Harmonie um jeden Preis.
– Eltern, die den faulenzenden Sohn weiterhin mit Geld unterstützen, scheinbar aus sorgender Verantwortung; im tiefsten fürchten sie den Verlust ihres Familienprestiges

mehr als die noch größere Verwöhnung und Fehlentwicklung ihres Sohnes.
– einen Vater, der den Sohn mit einer Berufsausbildung überfordert, die er selbst gerne genossen hätte; er möchte «das Glück» des Sohnes begründen helfen, sucht aber unterschwellig eine kompensatorische eigene Befriedigung; der Sohn wird zwangsweise Mittel zum Zweck.

2. *Unsere Eitelkeit* neigt dazu, durch verschiedene Abwehrmechanismen die Schuld und damit auch die Schuldgefühle zu beseitigen.
– *Die Entwertung* der nicht gelebten *Ideale* dürfte einer der häufigsten Mechanismen sein.

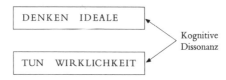

Der Widerspruch zwischen Denken und Tun, Ideal und Wirklichkeit, ist peinlich; diese kognitive Dissonanz wird am wirksamsten beseitigt durch *Entwertung der Ideale*.

Eine solche Umdeutung der Werte geschieht meistens durch Verzerrung in Einseitigkeit oder durch Unterschiebung minderwertiger Motive:

Zuverlässigkeit = Pedanterie, Sturheit
Großzügigkeit = Verschwendungssucht, Bluff
Fleiß = Ehrgeiz, Geltungssucht
Mäßigkeit = Erlebnisarmut, Phantasiemangel
Treue = Sexuelle Verklemmtheit, Ängstlichkeit
Ehrlichkeit = Dummheit, Naivität
Sparsamkeit = Geiz, Egoismus

Das Ergebnis dieses Entwertungsprozesses ist eine

~~IDEALE~~

| TUN = DENKEN WIRKLICHKEIT |

(Ekelwelt)

Negative
Konsonanz

Die Ideale sind lächerlich gemacht, entwertet. Eine Welt ohne Ideale wird zur Ekelwelt.

Es bewahrheitet sich das bekannte Wort: «Wenn du nicht lebst, wie du denkst, wirst du bald denken, wie du lebst.»

– *Die Bagatellisierung* der eigenen Schuld geschieht erfolgreich dadurch, daß das eigene Verhalten als gänzlich «normal» hingestellt wird: «Die andern handeln auch so. Ich wäre schön dumm. Im Verhältnis zu dem, was sich Herr X geleistet hat, ist es überhaupt nicht der Rede wert. Es ist geradezu lächerlich, nur noch ein Wort darüber zu verlieren!»
– *Das Abschieben der Schuld auf andere* ist leicht möglich mit dem Hinweis, die älteren Kollegen seien auch dabei gewesen. Sie hätten nichts eingewendet oder anderseits im konkreten Fall: sie hätten auch nicht geholfen, sich auch nicht engagiert. –
Andere hätten zuerst diese dumme Idee gehabt.
Andere hätten mich geradezu genötigt. Ich sei eigentlich gezwungen worden.
Ich selbst hätte nichts Übles getan. Ich hätte bloß dabeigestanden.
Aus der individuellen Schuld wird leicht eine Kollektivschuld kreiert. Schlimmer noch dürfte das Abschieben der Schuld durch eigentliche Verleumdung sein.

– Durch die *Verdrängung* erreichen wir ein Auslöschen des Schuldgefühls; in gewissen Fällen gelingt es, sogar sein Entstehen zu verhindern.
Nietzsche drückte dies einst in klassischer Kürze aus:
«Mein Gedächtnis sagt: Das hast du getan!
Mein Stolz sagt: Das kannst du nicht getan haben!
– Mein Gedächtnis gibt nach.»

Fehlhaltungen schlimmster Art werden so überspielt. Treten gelegentlich noch Gewissensvorwürfe auf, werden sie rasch aus dem Bewußtsein hinausgedrängt. Das scheinbar gute Gewissen wird tabuisiert. Die Realität läßt sich aber

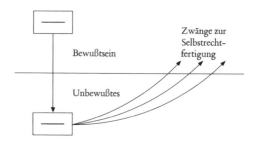

nicht verleugnen. Sie zwingt ungewollt zur Auseinandersetzung. Die ins Unterbewußte abgedrängte Energie meldet sich in verschiedenen Signalen. Eines der bekanntesten dürfte der *Selbstrechtfertigungszwang* sein: Um vor sich bestehen zu können, werden äußere und unwesentliche Details sehr ernst genommen:
– Man wird übergenau im Nebensächlichen und sucht sich so den Erfahrungsbeweis der Gewissenhaftigkeit zu erbringen.
– Wegen Kleinigkeiten entschuldigt man sich des langen und breiten: nach außen schafft das wieder den Eindruck der

Gewissenhaftigkeit. Dies wird auch von andern bestätigt, vor allem von Menschen, die nur kurze Kontakte haben. Diese Anerkennung wirkt beruhigend. Sie bestätigt die eigene moralische Integrität.
Und doch verrät bei genauerem Zusehen diese Überfreundlichkeit und Übergenauigkeit die innere Unechtheit. Eine Atmosphäre des Zwangs läßt kein wirklich frohes Leben mehr aufkommen. Auch das Frohsein wird zur «Pflichtübung».

Selbstverrat

Eine naive Umwelt läßt sich einige Zeit täuschen. Die existentielle Schuld des Selbstverrates treibt zu einer eigenartigen Unruhe. In einer Art Selbstbestrafung muß dauernd «geschuftet» werden. Ein pausenloser Frondienst sollte die andern auch mit Schuldgefühlen beladen; dann wäre man nicht mehr so allein.
– Der mitmenschliche Kontakt kann nicht mehr partnerschaftlich sein. Eine gewisse Herablassung verrät ein pharisäisches Sich-über-den-andern-Stellen. Auch in der Anerkennung einer Leistung des andern kommt etwas Gouvernantenhaftes zum Vorschein, wie wenn man das Recht hätte, dauernd Bewertungen auszuteilen. Eine üble «karitative Güte» gegen andere bewahrt aber wieder davor, endlich die Bewertung seiner eigenen Grundhaltung in Angriff zu nehmen.

Verdrängte Schuld baut raffinierte Widerstände auf, die als Täuschungsmanöver mit Verbissenheit geschützt werden. Diese «Verhärtung im Guten» ist sehr schwer anzugehen. Christus sprach einst von «Übertünchten Gräbern», von «Heuchlern», gerade bei den Menschen, die sich in der damaligen Gesellschaft als die Besten vorkamen: Sie waren ja gesetzestreu, gaben ein tadelloses Vorbild – aber es fehlte ihnen die Liebe und die Wahrhaftigkeit sich selbst gegenüber.

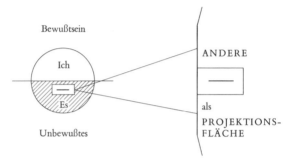

– In der *Projektion auf andere* werden die eigenen Schuldgefühle nach außen verlegt. Dort erlebt man sie in vergrößertem Maßstab. Es bewahrheitet sich das biblische Wort: «Den Balken im eigenen Auge siehst du nicht, jedoch den Splitter im Auge des Nächsten.» Dort wird die verleugnete Selbstschuld wahrgenommen, genauestens registriert und verurteilt. Sie liegt nun auf den armen «Sündenböcken», die an allem schuld sein sollen.

Als Projektionsflächen eignen sich besonders Menschen in der Position von Vorgesetzten: der eigene Vater- und Mutterkomplex kann so ein Entlastungsfeld finden. Nach der Freudschen Auffassung sind die primären Schuldgefühle auf die Eltern konzentriert. Man war ihnen als Kleinkind ausgeliefert. Aus Angst vor Liebesverlust oder anderer Strafe kam es zur Unterdrückung der eigenen Bedürfnisse. Die Liebe zu den Eltern wurde gekoppelt mit Haß, den man bald ins Unbewußte abdrängte. Von dort her entlastet er sich in negativen Projektionen, die nachträglich oft auch Wiedergutmachungswünsche enthalten. – Ähnlich strukturierte Charaktere wie ihre Gegenpole bieten sich schicksalshaft auch als günstige Projektionsflächen an. Wer die existentielle Schuld verleugnet, negiert sich selbst und damit auch diejenigen, die ihm ähnlich sind oder die als Gegentypen besonders aufreizend wirken müssen.

– In *Fehlhandlungen* signalisiert das Unbewußte aufgestaute Liebes- und Haßgefühle, die mit Schuldgefühlen stark verkoppelt sind. Gewissen Personen gegenüber fühlt man sich in abnormem Maße verunsichert. Man verspricht sich dauernd, verlegt Briefe und andere Dinge, die mit ihnen zu tun haben, vergißt wichtige Aufträge, während man sonst nicht besonders vergeßlich ist. Es kann bei Kindern und Erwachsenen bis zu eigentlichen Selbstbestrafungserlebnissen kommen in Form von Selbstunfällen oder Krankheiten.

3. An den *Auswirkungen einer moralischen Fehlerziehung* leiden die meisten Menschen ein Leben lang. Sie wagen nicht zu ihrer Schuld zu stehen, weil von früher Kindheit an Schuld und Angst zu sehr gekoppelt wurden. Dieses Grundmuster hat sich so tief eingeprägt, daß sie zum voraus in Angsterwartung an die Dinge herantreten: es darf ihnen nie ein Fehler unterlaufen! Geschieht es trotzdem, so muß er möglichst rasch verdrängt werden. Manche lösen diesen Konflikt auch so, daß sie jeden risikobelasteten Einsatz zum voraus ablehnen, also Vermeidung von potentieller Schuld und damit Zunahme der existentiellen Schuld des nichtgelebten Lebens.

– Eine *überfordernde Erziehung* hat schon in früher Kindheit die Gleichung entstehen lassen: Etwas leisten müssen heißt Angst haben müssen. Die Sauberkeitsgewöhnung geschah bereits mit Ungeduld und Strafandrohung. Für Schule und Beruf wurde das Anspruchsniveau an den jungen Menschen hochgeschraubt. Die gestellten Anforderungen konnten nur teilweise erfüllt werden – die Schuldgefühle nahmen entsprechend zu. Sie führten zu Depressionen bis zur Verzweiflung, dazwischen zu krampfhaften Versuchen, doch nicht zu versagen, sich selbst den Beweis zu liefern, daß man lebensberechtigt sei. Lob und Anerkennung wurden überwichtig; ihr Ausbleiben führte jeweils zu einer Katastrophe. Im tiefsten glaubt ein solches Menschenkind nicht daran, daß es lebens- und liebenswert ist. Die hochgezüchteten Schuldgefühle verschlingen das Selbstbewußtsein. Darum müssen sie, selbst auch in berechtigten Fällen, gleichsam als Selbstschutz möglichst abgeschoben werden.
– Ein Erziehungsfehler, von dem selten gesprochen wird, dessen Auswirkungen jedoch höchst verhängnisvoll sind, ist die *oberflächliche Verhaltensbeurteilung* des Kindes. Wie oft wird nur nach den Wirkungen eines Tuns gefragt, während die Motivation überhaupt nicht beachtet wird: Da kommt zum Beispiel ein kleiner Knirps und will der Mutter voll Begeisterung eine Freude bereiten, er hat Blumen für sie gepflückt. Wie er die Vase vom Gestell herunterholt, zerbricht sie! – Die Mutter sieht nur die Scherben der teuren Vase, gerät in Zorn, schimpft und straft sogar das Kind. Das Kostbare, das sie in seinem Herzen zerbrochen hat, übersieht sie. Die Seele des Kindes aber ist tief verwirrt. Das verletzte Gerechtigkeitsempfinden wehrt sich gegen den Vorwurf, schuldig zu sein. Wiederholte ähnliche Erlebnisse führen dazu, Schuldigsein stets als Zumutung von sich zu weisen.

Ein gegenteiliger Fall: Ein Kind ist gut trainiert, ohne Wimperzucken sich als jünger auszugeben. So kann die Hälfte der Billetkosten erspart werden. Welch ein Schlaumeier! Er wird sich im Leben bewähren, meint der Vater. Zu Hause erfährt das Kind auch Anerkennung, wenn es in der Schule mit Erfolg betrogen hat. Erfolg ist wichtig. Gut ist, was nützt. Echte Schuld wird nicht nur übersehen, sondern geradezu glorifiziert. Im praktischen Erziehungsalltag spielt diese Art Pragmatismus eine bedeutende Rolle. Auch im Leben der Erwachsenen. Im Drama von Max Frisch «Turandot – oder die Weißwäscher» werden die Minister nicht geköpft, weil sie gelogen haben, sondern weil sie schlecht gelogen haben.

– *Unangepaßtes Strafen* versperrt auch den Weg zu einer gesunden Schuldbewältigung. Härte erzeugt wiederum Härte. Aggressive Affektausbrüche der Erzieher finden häufig eine Wiederholung und Abreaktion gegenüber schwächern Kameraden. Böses muß wiederum Böses gebären. – Die Strafe als Wiedergutmachung hingegen befreit von Schuld und Schuldgefühlen. Eine völlig straflose Erziehung läßt das Kind mit der Last seiner Schuldgefühle allein. Kinder ertragen dies nicht. Sie provozieren in einer Art Selbstbestrafungstendenz unbewußt eine Strafsituation, die schlußendlich ihr Gewissen entlastet. Dies reicht vom Selbstunfall bis zur Frechheit gegenüber dem Lehrer. Die endlich erzielte Strafe wird als Ausgleich für die primäre Schuld gebucht. Kinder aus extrem antiautoritären Familien stellen recht häufig auf diesem Weg ihr gestörtes seelisches Gleichgewicht wieder her.

– Das *nicht gelebte Verzeihen* dürfte wohl eine der größten Belastungen darstellen. In Worten wird Verzeihung vielleicht ausgedrückt – aber sie wurde nicht mit der ganzen

Person vollzogen. Die Schuld des andern, sei es ein Kind oder ein Erwachsener, bleibt im Erleben lebendig, ja sie wird immer wieder von neuem ans Tageslicht gezogen. Das kleinste Versagen des andern scheint einen zu berechtigen, die ganze Kette der Enttäuschungen an ihm hervorzuziehen. Einer positiven Verhaltensänderung wird so zum voraus der Boden entzogen.

Schuldgefühle können gegenüber der realen Schuld auch *überdimensioniert* sein. Leicht zu verstehen sind Fälle von äußerem Mißgeschick, die ohne jede ungute Absicht sich ereignet haben. Juristisch trägt man aber doch die Schuld:
– Ein Kind läuft in mein Auto und erleidet einen schweren Unfall; ich selbst fuhr mit normaler Geschwindigkeit und besaß die übliche Konzentrationsfähigkeit.
– Ich ermunterte in guten Treuen einen Freund zum Aktienkauf; nun macht die Fabrik pleite.
– Eine von mir arrangierte Begegnung führt zu einer Bekanntschaft und schließlich zur Ehe; die Ehe scheitert.

Auch ein seelisch gesunder Mensch wird Zeit brauchen, um wieder das Gleichgewicht zu finden. Neurotische Menschen können ein Leben lang mit unverschuldeten Schuldgefühlen sich abquälen.
Schuldängste von übergroßem Ausmaß, an denen Skrupulanten leiden, bedürften in den meisten Fällen der Hilfe des Psychotherapeuten. Gutgemeintes Zureden von Freunden verstärkt nur die Angst, innerlich isoliert, unverstanden, anormal zu sein. Hier könnte nur das Aufdecken der tiefern Gründe einen Heilungsprozeß einleiten.
Die meisten Menschen möchten ihren Lebenspartnern Hilfe und nicht zusätzliche Belastung in der Problematik der

Schuldbewältigung sein. Trotz gutem Willen tritt recht oft der negative Fall ein. Die *eigene Gewissensbildung* ist auf einer kindlichen Stufe stehen geblieben, vielleicht erschweren sogar Verbildungen des ethischen Empfindens eine moralische Reifung. Gewissensbildung ist ein lebenslanger Prozeß; es lohnt sich, ihn in menschenwürdiger Bewußtheit zu vollziehen.

Da der Mensch ein geschichtliches Wesen ist, wirken die früheren Gewissenseinstellungen nach. Unser Tun ist immer komplex. Theoretisch besitzen wir großenteils ein autonomes, personales Gewissen. Im alltäglichen Lebensvollzug suchen wir hingegen oft Zuflucht in vorgegebenen sittlichen Verhaltensmustern, die in seltsamem Widerspruch zu unserer sonstigen Reife stehen. Das «Kind in uns»[3] möchte geschützt sein.

– Im Kleinkindalter baute sich ein anfänglich primitives *Gewöhnungsgewissen* auf. Wir spürten, daß nicht alle Triebbedürfnisse sofort befriedigt werden und paßten uns den Wünschen und Forderungen der Eltern großenteils an. Die Angst, ihre Liebe sonst zu verlieren, und die Freude, durch sie Selbstbestätigung und Zärtlichkeit zu erhalten, führten uns dazu, ein entsprechendes Verhalten zu erlernen: Wir begannen nach den Erwartungen der Erwachsenen zu reagieren. Anfänglich war die Anwesenheit der Eltern notwendig, später, als wir die Gebote und Verbote verinnerlicht hatten, genügte die Erinnerung an die maßgebende Autoritätsperson. Die Schicksalsfrage dürfte lauten: Wie kam es zu dieser Gewöhnung? War es ein allmähliches ruhiges Hineinwachsen in diese Welt oder geschah es unter Druck, Angst und Zwang? – Vielleicht sprachen die Eltern

---

[3] Nach der Schichtentheorie von Rothacker.

häufig von moderner freier Erziehung; sie verstanden es aber glänzend, die verzuckerten Pillen einer «weichen Tyrannis» zu verabreichen. Nachträglich kam man sich dann doch etwas «hereingelegt» vor.

– Mit dem Erwachen der Vernunft wurden wir zugänglich für Begründungen. Unser *Belehrungsgewissen* nahm seinen Anfang. Was die Eltern sagten, war für uns stets wahr, richtig und klug. Sie wußten alles und vermochten alles. Als eine Art große Götter boten sie Schutz und Sicherheit. Sie wirkten durch ihr Vorbild, bewußt und mehr noch unbewußt. Wir ahmten ihre Verhaltensweisen nach und fanden sie selbstverständlich.

In den Märchen erlebten wir zu unserer Genugtuung, daß Treue und Einsatz belohnt, Falschheit und Faulheit bestraft werden. Diese Schwarzweißmalerei kam unserem noch primitiven ethischen Empfinden entgegen. Wir hatten Angst mit Hänsel und Gretel im Wald, bemitleideten das Königstöchterlein, das durch die Brennesselhemden und sein Schweigen die Brüder erlöste, wir freuten uns mit dem verachteten jüngsten Sohn, der nach verschiedenen Drangsalen das ganze Land vom bösen Drachen befreite. Die moralische Rechnung stimmte stets: Das Gute wurde belohnt – das Böse bestraft! Wie tat dies wohl! – In verdünnter Form kam diese Gesetzmäßigkeit in Kinder- und Jugendbüchern zum Ausdruck. Nebst Robinson begegneten uns auch die heldischen oder verruchten Karl-May-Helden. Da konnten wir nach Herzenslust mitlieben und mithassen: das Niedrige, Gemeine verachten und das Große und Erhabene bewundern. Schade, daß unsere Eltern und Lehrer nur so gewöhnliche Menschen waren!

– Als unser *Autoritätsgewissen* die ersten Krisen durchmachte, begannen wir diese verachtete «Gewöhnlichkeit» etwas näher zu besehen. Wir entdeckten, daß nicht alle gut gemeinten Anstrengungen zum Ziele führen. Daß es für unsere Eltern, für andere Menschen und auch für uns selbst ein bitteres «Umsonst» der sittlichen Anstrengung gab: Das Steckenbleiben in den ewig gleichen Charakterfehlern, das Nichtverstandenwerden von der Umwelt, dort übersehen zu werden, wo man sich vielleicht am meisten angestrengt hatte. Kurz, die Märchenerwartung schien nicht mehr zu stimmen! – Jetzt gingen wir daran, die Gebote und Verbote genauer zu besehen. Was waren sie wert? Glücklich die Kinder, die in den Eltern echte Gesprächspartner finden, die mit ihnen gemeinsam die Begründungen für Bejahung oder Ablehnung erarbeiten und Widerspruch nicht als Angriff, sondern als Denkprozeß zu werten wissen! So wird das Gewissen nicht verbildet in einer sturen absoluten Gesetzesmoral. Nicht «jedem das Gleiche!» ist Gerechtigkeit, sondern «jedem das Seine!» Um diesen sittlichen Entwicklungsschritt tun zu können, muß zuerst Sicherheit und Liebe erlebt worden sein, sonst sieht ein armes Menschenkind in allem Regelwidrigen gleich eine unstatthafte und ungerechte Bevorzugung, etwas Schlimmes, ja sogar moralisch Verwerfliches. In dieser kranken Entwicklung darf es nur *eine* Lösung geben. Das Gewissen entartet zum moralischen Automaten. Es wird bedrohlich und grausam, gequält von Schuld- und Strafängsten, wo eine vernünftige Anpassung an die Realität Variationen einer allgemeinen Lebensregel nahelegte. Selbst im kindlichen Spiel kommt dieser Differenzierungsprozeß zum Ausdruck: Die ursprünglich einfachen Regeln, zum Beispiel beim «Ball an die Wand» werden von den Kindern selbst erweitert zu vielen Variationen. Es gibt nicht mehr nur eine, sondern viele Lösungen.

– Das *Verantwortungsgewissen* entwickelt sich stufenweise aus dem Autoritätsgewissen heraus. Die Autorität muß «sich aufheben». Kant verstand darunter verschiedene Sinndeutungen: Eine lautet «Sich-Wegheben», sich entbehrlich machen. Dies ist möglich, wenn das Kind oder der Jugendliche nicht nur Rezepte, sondern moralische Überzeugungen selbst gewonnen hat in der Auseinandersetzung mit autoritativen Forderungen. Eine andere: «Sich Auf-Heben» heißt «Sich-Empor-Heben» zur personalen Reife: Nicht mehr nur sich abstützen auf vorgegebene Normen – in vielen Situationen genügen sie – sondern auch fähig sein, eigenschöpferisch neue Normen zu finden, ja zu er-finden; denn das echte Leben ist immer wieder neu!
Dieser Reifungsprozeß erfolgt in verschiedenen Stufen, die sich zum Teil durchdringen: Der eigentliche Durchbruch dürfte mit der Pubertät beginnen.
Der Jugendliche vergleicht sein «Ich-Ideal» mit dem allgemein üblichen Verhaltensstil der Gesellschaft. In seinem zornigen Idealismus empfindet er die Umwelt als heuchlerisch, verlogen, gemein oder zumindest als «kleinkariert» und spießbürgerlich. Er übersieht, daß er ungleiche Ebenen miteinander vergleicht: Einesteils seine Idealwelt (nicht die selbstgelebte Moral!) und das konkrete Verhalten der Mitmenschen. Begreiflicherweise macht ihn diese Diskrepanz zornig. Er fühlt sich einsam und unverstanden. Gelegentlich aufkommende eigene Schuldgefühle stürzen ihn in Verzweiflung, meistens projiziert er sie aber auf die andern und bekämpft sie an ihnen.
Die Normen, die ursprünglich identisch waren mit den Normträgern («Ich muß dies tun, weil die Mutter es sagt»), beginnen sich selbständig zu machen («Ich muß dies tun, weil es richtig ist»). Es bestehen nur noch moralische Teil-

identifikationen («In diesem Punkt stimme ich mit dem Vater überein, in jenem denke ich ganz anders»). Schlechte Erfahrungen mit gewissen Amtsträgern führen nicht mehr zur totalen Ablehnung der Institution (ein sturer Offizier vermag nicht mehr die ganze Landesverteidigung in Frage zu stellen, ein allzu ängstlicher Pfarrer überschattet nicht mehr das ganze Kirchenbild).

– In der Adoleszenz beginnt mit der «metaphysischen Krise» der Durchbruch zum *personalen Gewissen,* sofern der junge Erwachsene sich dieser Auseinandersetzung stellt. Er nimmt nun aus der Mitte der Person heraus Stellung zu seinem eigenen sittlichen Handeln und hinterfragt es mit immer größerer Unerbittlichkeit. Wenn er mutig ist, wagt er, seiner Schuld ins Antlitz zu sehen, sie nicht zu verharmlosen aber auch nicht narzißtisch aufzublähen. Wenn er früher sich über sein Verhalten ärgerte, beginnt er die ungleich tiefere Empfindung zu spüren, das, was wir als Reue bezeichnen. Die Schuld bedrückt ihn nicht mehr, weil das eigene stolze Selbstbild erschüttert wurde. Sie schmerzt ihn, weil er dem Heiligen in sich selbst Widerstand geleistet hat.

Mit zunehmender Lebensreife erhält das Schulderlebnis tiefere Dimensionen. Der Traum einer Analysandin zu Beginn der fünfziger Jahre mag dies verdeutlichen. Der Traum wurde in zwei aufeinanderfolgenden Nächten erlebt.

«Ich trete aus einer Höhle, hoch oben in einem Gebirge. Die Landschaft ist grau, steinig, tot. Kein Baum, kein Strauch, kein Kräutlein, keine Blume. Ich bin gänzlich allein. Eine Angst steigt in mir hoch: Ich bin nur in ein paar armselige Lumpen gekleidet, voller Löcher und Schmutz. Da höre ich aus der Ferne eine Stimme: ‹Dein erstes Kleid hast du verschenkt!› Ich sehe ein strahlend rotes Kleid auf dem öden Fels liegen. Es verschwindet sofort wieder. Verwirrt gehe

ich den schmalen Weg weiter. Meine Lumpen beschämen mich um so mehr. ‹Dein zweites Kleid hast du ausgeliehen!› ruft wiederum die Stimme. Ich sehe es auf der andern Seite des Felsenweges. Wie ich es erfassen will, entschwindet es. Ich erschrecke. Schuldgefühle bedrängen mich. Habe ich denn meine erste Liebe zurückgenommen? Ich erwache mit Tränen und bin tief erschüttert.»
In der darauffolgenden Nacht findet der Traum seine Fortsetzung:
«Ich stehe an derselben Stelle auf dem Steinpfad wie gestern. Irgendwie erwarte ich eine Lösung zu erhalten auf die Frage: Was habe ich denn mit dem dritten Kleid getan? Ich blicke hin auf den Felsen. Kein Kleid! – Aber nun beginnt etwas Wunderbares: Der graue Fels rötet sich, er wird sogar durchsichtig. Durch alles Rot hindurch darf ich in die Mitte der Welt schauen: Dort strahlt ein goldenes Licht von unsagbarer Schönheit. Um es herum schweben leuchtende Gestalten in einem seligen Auf und Ab. Das Licht trifft auch meine Lumpen. Auch ich bin nur noch Licht und Seligkeit. Die rotglühenden Steine neigen sich. Sie werden zu Rosenblättern. Im Mittelpunkt dieser Weltrose leuchtet das Licht. Alles ist Seligkeit – – Ich weine vor Glück.»
Die Lumpen waren also plötzlich nicht mehr wichtig. Das Licht durchstrahlte und verwandelte alles. Die steinerne Welt war durchsichtig geworden auf das Zentrum hin. Der tote Stein hatte sich zur Weltrose geformt.
Wenn man das Wort «Gnade» gebrauchen darf, so scheint es mir hier angebracht. Die vorher harte Gesetzlichkeit eines überfordernden moralischen Leistungsdenkens hatte diese Frau in eine Steinwüste der Isolation versetzt. Sie befand sich wohl «hoch oben im Gebirge» – aber nichts Lebendiges war um sie trotz ihrer ausgedehnten sozialen Tätigkeit.

Das Leben kam ihr vertan vor. Sie fühlte sich von Schuld erdrückt. Das freie Schenken in der Jugend hatte sie nach ihrer Meinung in ein bloß kleinliches Ausleihen reduziert. Das rote Kleid der Liebe wurde ihr nur noch zur Mahnung, zum Vorwurf gezeigt. Sie vermochte es nicht mehr zu fassen.

Nun kommt ihr Rettung von innen her. Die Schuld ist nicht das Letzte. Das Letzte ist das Licht, das alles verwandelt. Hier beginnt eine religiöse Dimension, die besser nur empfunden, aber nicht mit Worten angerührt wird.

Psychologisch dürfte aus diesem Traum abzuleiten sein, daß das Ja zur eigenen Schuldhaftigkeit den Menschen befreit, weil es ein Ja zur Wahrheit ist.

Es braucht Normen und Gesetze – aber sie sind nur ein Weg. Was zählt, ist einzig die Liebe.

Vor ihr schwindet die menschliche Selbstherrlichkeit dahin. In der «felix culpa», in der glückseligen Schuld, kann Wandlung des Lebens beginnen.

VIII. Genießen und Verzichten

In unserem menschlichen Erleben stellen Genießen und Verzichten zwei *Existenzweisen* dar, die sich immer wieder ablösen. Ich wage die Behauptung: Nur der kann wirklich genießen, der auch zu verzichten vermag. Und anderseits: Echter Verzicht ist nur dem Menschen möglich, der auch zu genießen weiß. Nach dieser Behauptung setzt das eine das andere voraus. Beide stehen in *Wechselwirkung* zueinander wie eine Art Zwillingspaar unserer Lebensenergie. Im Ja und im Nein spannt sich unser Lebensbogen zu seiner Dynamik, die ihm abverlangt wird.

Beides muß gelernt werden. Triebbedürfnisse befriedigen kann auch das Tier. Genießen setzt aber ein geistiges Durchdringen der Bedürfnisbefriedigung voraus. Wir Menschen können eine Lust auskosten, sie verfeinern. Es ist uns gegeben, selbst Maß und Ziel zu setzen. Das bedeutet anderseits, daß keine Instinktschemata uns zum vernünftigen Gebrauch unserer eigenen Kräfte und zu dem der Güter unserer Umwelt zwingen. In unserer Freiheit können wir Mißbrauch treiben in Maßlosigkeit oder in Perversion des Genusses. Wir können uns anderseits auch selbst schädigen durch sinnwidrige und überforcierte Verzichte.

Die Frage stellt sich: Wie muß unser Genießen beschaffen sein, daß es unsere seelische und körperliche Gesundheit nicht nur nicht schädigt, sondern unterstützt und aufbaut? – Eine *Erwartungsspannung* ist unabdingbare Voraussetzung des Genießen-Könnens. Die Triebkräfte müssen sich gleich-

sam erst sammeln. Der Hunger, das Interesse, die Spannung muß anwachsen zur Vorfreude. Ich fühle mich dann von der Tiefe her angesprochen, ergriffen. Es entsteht eine innere Bereitschaft, die hellhörig und feinfühlig macht, eine Offenheit, mit der man zur gegebenen Zeit richtig zu werten weiß: Das Wertvolle wird vor lauter Gier nicht überrannt oder übersehen zugunsten einer Nebensächlichkeit. Ein klassisches Beispiel finden wir in der Geschichte von Esau und Jakob: Die Gier nach dem Linsenmus ließ Esau die großen Güter des Erstgeburtsrechtes billig verschleudern. Im modernen Alltag läßt mancher junge Mensch Chancen der Ausbildung ungenützt, weil er möglichst rasch ein leichtes und angenehmes Leben genießen möchte. Im Sexualleben hat sich die letzten Jahre manche Angst und Verkrampfung gelöst; das Pendel ist teilweise aber auch in das andere Extrem geraten: Allzu schnell, bevor man sich bloß etwas kennt, kommt es zu intimen Kontakten. Die gegenseitige Spannung wird schon im Anfangsstadium entladen. So kann die wahre Liebe nicht reifen, das Geheimnis ist zu früh entblättert. Zu früher rauschartiger gegenseitiger Genuß hält den Anforderungen einer echten Bindung nicht stand. Er ist nur interessant für eine Episode, ein Experiment. Vieles hat man gegeben, aber ein leeres Herz zurückbehalten.
Eine falsche Frustrationsangst läßt manche Erzieher zu weichlichen Wunschtrabanten ihrer Kinder werden. Es gibt in der Pädagogik von heute kaum ein Wort, das im selben Maße mißverstanden wird wie «Frustration». Modewort ist es schon längst nicht mehr; inhaltlich erschreckt es aber nach wie vor naive Gemüter. Ein frustriertes Kind zu haben – wie schrecklich! Man wittert schon den Psychiater und die Nervenheilanstalt bei den geringsten Entwicklungsstörungen.

Eine normale Triebversagung, ein Nein zur rechten Zeit hat nichts mit Frustration zu tun. Nicht jeder geforderte Verzicht ist einer Frustration gleichzusetzen. Von Frustration dürfte erst gesprochen werden, wenn wesentliche Grundbedürfnisse des Kindes wie des Erwachsenen in großem Ausmaß und mit Härte mißachtet würden: Keine Zärtlichkeit, selten eine Anerkennung, zu wenig eigener Lebensraum, blockierte Entwicklungsmöglichkeiten persönlich und beruflich, stetes Übersehenwerden und anderes mehr. – Eine Erziehung unter dem Leitsatz einer sofortigen Triebbefriedigung läßt den Spannungsbogen klein und dürftig. Das Kind wird erlebnisunfähig. Wenn es keine Bedürfnisspannung durchtragen lernt, wird ihm auch nichts spannend: Die Intelligenzentwicklung stagniert, es bleibt fixiert auf einer infantilen Verhaltensstufe, in der Erwartung, stets und sofort alles zu erhalten. Die Dinge werden ihm ja geradezu nachgeworfen. So züchtet man den Verhaltenstyp des *Satten,* von dem es heißt, daß er leer ausgehe. Ein Menschenkind, das keine Verzichte leisten mußte, wird die Gaben des Lebens nicht zu schätzen wissen.

– Ganz anders verhält sich der *kluge Epikuräer.* Gerade weil er das Leben genießen will, weil er seine Freude nicht schal werden läßt, schaltet er *auch Versagungen* ein oder weiß den lebensbedingten Verzichten und Wartezeiten wenigstens ihren positiven Sinn abzugewinnen. Das Nicht-Haben macht das Haben wertvoll. Körperliche und geistige Diätphasen werten auf, während das ständig Erreichbare gewöhnlich wird und an Attraktionskraft verliert. Diese Gesetzmäßigkeit ist in verschiedenen Hochkulturen erkannt worden: Den großen Festen gehen Zeiten der Vorbereitung, des Fastens und einer etwas bescheideneren Lebensführung voraus. Leider ist durch die Säkularisierung und durch den manipulierten Konsumzwang dieses gesunde Verhalten etwas aus dem Bewußtsein gedrängt worden. Man fastet noch aus gesundheitlichen oder ästhetischen Gründen – die Spannung auf das Fest hin ist jedoch weitgehend verlorengegangen. Sie wäre einer Wiedererweckung wert.

– *Ein phantasievolles Verhalten* den verschiedenen Genußmöglichkeiten gegenüber erhöht ihren Wert. Der *Lebenskünstler* weiß sich der jeweiligen Atmosphäre anzupassen: Er ist mit dem Einfachsten zufrieden, freut sich an der Bodenständigkeit im Bauernhaus und weiß die Verfeinerungen einer Stadtkultur zu schätzen. Er braucht die Kulturgüter nicht nur, er kann sie sogar «zelebrieren» – und wäre es nur eine Wurst mit Bier. Im Film «Goldrausch» kocht Charly Chaplin in der Not die ausgetretenen Schuhe und erlabt sich mit genießerischer Andacht an den gekochten Schuhbändeln! –

– Der *trainierte Genießer* erfaßt den *richtigen Augenblick*. Er spürt mit erprobter Sensibilität, wann der Moment günstig ist, um «ein Fest zu bauen», vor allem auch, wann es seine Mitmenschen nötig haben, wieder einmal aus dem tierischen Ernst gerissen zu werden. Er versteht nicht nur anzufangen, sondern auch aufzuhören, wenn es noch reizvoll wäre weiterzumachen. Er wartet nicht, bis der Katzenjammer alles verdirbt.

– Der *sozial gesund empfindende* Genießer kann nicht in einem egoistischen Ghetto die Freuden seines Lebens genießen. Not und Mangel seiner Mitmenschen führen ihn zum

Teilen und Verschenken. Er erfährt: Geteilte Freude ist doppelte Freude! Teilen muß erlernt werden, damit es zum echten Bedürfnis wird und nicht nur zur «karitativen Pflichtübung». – Wir kennen einen «*Gebertyp*», der durch seine Spenden die andern erniedrigt. In einem subtilen Narzißmus genießt er seine Selbstlosigkeit: Gegen sich selbst ist er oft kleinlich, andern gegenüber großzügig. Diese Mildtätigkeit fließt jedoch nicht aus warmer innerer Güte, sondern aus moralischem Leistungszwang: Die Selbstbewunderung ist ihm einiges an Verzichten wert. – Neben ihm begegnen wir auch dem ichschwachen Geber, der unter äußerem Sozialdruck verzichtet. Er kann nicht nein sagen. Er gleicht etwas dem Menschentyp, von dem Marie von Ebner-Eschenbach sagt: «So mancher meint, ein gutes Herz zu haben und hat doch nur schwache Nerven.» Die Schmeichelei der Beschenkten tröstet ihn jeweils etwas in seiner aufgezwungenen Selbstlosigkeit. – Der schlau berechnende Mensch weiß als erster zu schenken und geschickt die andern zu einer Revanche zu verpflichten. Ist eine finanzielle Revanche nicht möglich, dann muß wenigstens ein Prestigegewinn mit dem eigenen Verzicht erkauft werden.

– Der Genuß wird auch dann zu einer Form der Selbstwerdung, wenn neben der Freude an einem Wert *auch seine Grenzen* erfahren und mitberücksichtigt werden. Der *realistische Genießer* vergällt sich nicht den Augenblick durch ein Schielen nach dem, was außerdem auch noch möglich und interessant wäre. Es kommt nicht zur Selbstzerstörung der lebendigen Gegenwart durch *Unersättlichkeit* der Wünsche. Der Mythos stellt uns dazu die Gestalt von König Midas vor. Er war maßlos gierig nach Gold und stellte an die Götter die Bitte: Alles, was er berühre, möge sich in Gold verwandeln. Sein Wunsch wurde erfüllt, zuerst zu seiner Freude, dann zum Entsetzen: Auch Brot, Obst, Fleisch, jede Speise, alles Lebendige wurde zu Gold. Dieser Tod durch Unersättlichkeit ist Thema vieler Kunstwerke der Gegenwart.

Leben wir noch inmitten aller unserer Konsumgüter? Sind wir nicht selbst daran, zur Konsumware zu werden in Sex- und Prestigeverhalten, wenn nicht persönlich, so doch stellvertretungsweise durch andere? Ergeht es nicht manchen Zeitgenossen wie Tantalus in der Unterwelt? Er hatte sich am Leben selbst versündigt und büßt nun durch Unfähigkeit, je zufrieden zu werden. Er ist verurteilt zu ewiger Spannung: Voller Durst steht er mitten im Wasser; wenn sein Mund es berührt, weicht das Wasser zurück. Über ihm hängt ein Zweig mit reifen Äpfeln; wenn er im Hunger danach greifen will, schnellen sie zurück.

Wie ergeht es uns?

Die Sehnsucht nach noch mehr, ja in gewissem Sinne «alles» zu haben, endet sie nicht oft in dem bittern Erlebnis, daß uns das meiste entgleitet? Es zerrinnt wie Sand zwischen den Fingern.

Wenn unsere Tasse nicht ganz gefüllt ist – sehen wir dann *die leere halbe Tasse oder die volle halbe Tasse?* Das, was wir nicht besitzen, nicht genießen können – oder den doch recht ansehnlichen Teil, der uns geschenkt ist?

Die gleiche Realität wird von den einen als Frustration und von den andern als Lebensbereicherung gewertet.

Wir erleben auch, daß dieselben Werte uns zu einem gewissen Zeitpunkt unseres Lebens ungemein wichtig sind. Allmählich verlieren sie an Bedeutung und geraten vielleicht sogar in Vergessenheit. Diese Erfahrung müßte uns viel lebendiger bewußt sein. Wir hätten mehr Respekt vor dem, was anderen, besonders Kindern und Jugendlichen, im Augenblick viel bedeutet, was sie beglückt und sie daher auch in ihrer Selbstverwirklichung vorwärts führt. Unsere persönlichen Maßstäbe des Genusses sind also keineswegs gültig für alle andern Menschen. Wenn Geschenke und Überraschungen «ankommen» sollten, müßten wir folglich zuerst etwas den «Landeplatz» erkunden.

Betrachten wir nun die *Gegenposition des Genusses:* den *Verzicht.* Wir haben ihn schon in Verbindung mit den Bedingungen zum Genießen als Hintergrund etwas mitempfunden. Welchen Stellenwert hat der Verzicht in unserem Leben? Ist er bloß ein theoretisch bejahtes Postulat – oder versuchen wir ihn tatsächlich ehrlich und gesund zu leben, wo er sich als Forderung stellt?

Äußerlich betrachtet erscheinen Verzichtleistungen unter sich oft sehr ähnlich zu sein. Die neue Konfliktpsychologie zeigt aber, wie verschieden die Motivationen sein können, die den Menschen antreiben; welche Bedeutung zugleich die momentane Gesamtsituation haben kann mit ihren sozialen Konstellationen, den Rollen- und Statuszwängen, den Wünschen und Ängsten um menschliche Beziehungsmöglichkeiten. – «Die Zeit der isolierten Betrachtung von Trieben, Bedürfnissen und Motiven scheint in der Psychologie vorbei zu sein», meint Graumann in seiner Motivationspsychologie. Er kommt zum Schluß, daß die wechselseitige Abhängigkeit der verschiedenen Beweggründe und der individuelle Mensch, der sie in sich als Spannung erfährt, Grundthema der Motivationsforschung und der Entscheidungsbeurteilung wird.

Es geht nicht nur um den einfachen Ablauf eines Reiz-Reaktionsschemas, wie dies die russische Reflexologie oder der amerikanische Behaviorismus aufgrund von Tierversuchen darzulegen versuchten. Der ganze individuelle Mensch ist gefragt in all seinen Veranlagungen: der Sensibilität seines Nervensystems, der Intensität und Umfänglichkeit der vitalen Lebenskraft, der vorherrschenden Temperamentslage, in all seinen Begabungen und Interessenrichtungen, die durch das bisherige Schicksal sich entfalteten oder verkümmerten je nach Prägungseinflüssen durch die personale und die sachliche Umwelt. Entgegen der einschränkenden Betrachtung der Milieutheoretiker sind auch die Kräfte der Selbststeuerung einzubeziehen: die willensmäßig erworbenen Grundhaltungen und Idealvorstellungen, nach denen der Mensch sein Handeln und Denken beurteilt. Wir sehen, daß ein ganzes Bündel von Faktoren zu berücksichtigen ist, ja ganze Motivationsstrukturen im Spiele sind, wenn ein Mensch handelt, wenn er, nun genauer ausgedrückt, einen Verzicht leistet. Daher können wir es wagen, von echten Verzichten und von Scheinverzichten zu sprechen:

– So handelt es sich z. B. bloß um einen *Scheinverzicht*, wenn ein Mensch leicht etwas hingibt, was ihn nicht interessiert, wofür er nicht ansprechbar ist. Diese *Wertblindheit* läßt ihn das Objekt unterschätzen, er nimmt den Wert in seiner Bedeutung gar nicht wahr. So kann er auch keinen eigentlichen Entscheid fällen. Die verschiedenen Typologien weisen auf verschiedene Wertempfänglichkeit, aber auch auf Wertblindheiten hin.

Zum Beispiel aus der Sprangerschen Werttypenlehre:
– Der betonte Ästhet verzichtet oft allzu leicht auf den Nützlichkeitswert; er kann vor lauter Idealismus nicht mit dem Geld umgehen;
– oder nach der Jungschen Subjekt–Objekt-Beziehungslehre: Der Introvertierte schränkt sich gerne auf ein stilles

bescheidenes Leben ein, ohne deswegen schon kontemplativ zu sein;
– oder nach der Kretschmerschen Körperbautypologie: Der Pykniker kann selten nein sagen, weil sein unkritisches Mitgefühl sich vom Moment überrennen läßt; so ist er in Gefahr, vor lauter Hingabe an die andern sich selbst zu verlieren.
– Auch der Verzicht aus einer *momentanen Laune* oder einem *Affekt* heraus kann nicht als echter Verzicht angesprochen werden. Nicht umsonst spricht Ignatius in seinem Exerzitienbuch so eindringlich von den Voraussetzungen zu einem richtigen Entscheid, nämlich der inneren Ruhe und Gesammeltheit, einem wirklichen Bei-sich-selber-Sein. Zuerst muß man sich selbst besitzen, bevor man sich hingeben kann. Daher verlangt er die Haltung der Indifferenz, einer möglichst ruhigen Disponierbarkeit gegenüber dem Gewissensanruf.
– Die Begeisterung idealisiert und läßt Schwierigkeiten übersehen; sie werden sich jedoch auf die Dauer als Überforderung erweisen.
– Die Depression erschwert und verdunkelt die Realität. Man fühlt sich matt und mutlos. Aus Angst vor dem nächsten Fallen verzichtet man auf das Gehen. Wie eine arme Maus starrt man gebannt auf die Katze.
– Der Zorn verzerrt die Wirklichkeit, überwertet das Negative und führt zu Kurzschlußhandlungen: Man wirft etwas hin, aber man hat nicht verzichtet.
Später bereut man diese Affekthandlungen. Man möchte zurücknehmen, worauf man scheinbar laut tönend verzichtet hat. Man möchte nachholen, was man vielleicht für immer versäumt hat. Habe ich die Ehrlichkeit, die eigene Fehlhaltung als solche zu erkennen, so kann ein solches

Versagen nur zur Bereicherung und Reifung meiner Person beitragen.
– Häufig aber gibt sich der Mensch nicht selbst die Schuld; vielmehr bemüht er sich, ein Scheitern zu bemänteln, es gar mit Charakterstärke zu dekorieren. So kommt es zur *Verdrängung* von Tendenzen, die ihr Anrecht auf Leben gehabt hätten. Die neurotischen Folgen sind bekannt. Eine schuldhafte Minderwertigkeit sammelt destruktive Kräfte um sich, die in Aggressionen, in Zwangskompensationen und ungezählten Projektionen den Menschen überwältigen.
– Unechte Verzichte können auch zustandekommen aus allgemeiner *Entscheidungsunfähigkeit*. Weil man nicht den Mut zur Wahl aufbringt, verzichtet man lieber ganz und gar. Man kann sich nicht entschließen. Jung hat besonders darauf hingewiesen, daß einer äußern Gehemmtheit eine innere Hemmungslosigkeit entgegenstehe. Weil man letztlich alles möchte, wagt man gar nichts. Jeder Entscheid fordert ja gleichzeitig auch Verzichte auf viele andere Möglichkeiten. Man müßte sich festlegen auf etwas, sich an etwas binden, man wäre scheinbar nicht mehr im Besitze der ganzen Freiheit. Dies ist die Schuld, von der Kafka in allen Werken spricht. Die Angst vor möglichen Enttäuschungen oder auch vor Verantwortung kann zu unechten Verzichten zwingen, weil man das Leben an irrealen verabsolutierten Maßstäben mißt, denen weder Menschen noch Dinge zu entsprechen vermögen.
– Auch die *Resignation* kann nicht als echter Verzicht gewertet werden. Äußerlich entsagt man, innerlich aber bleibt der Wunsch, die Spannung, äußerst lebendig. Man pflegt das Ressentiment, das Selbstmitleid.
Es kommt nach Freud zur teilweisen Umwandlung des Lebens- in den Todestrieb: Statt der Selbstverwirklichung

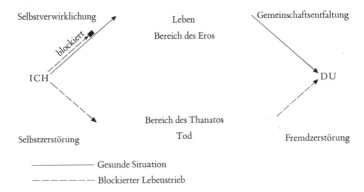

treibt man zur Selbstzerstörung. Sadismus, Masochismus und andere Perversionen gedeihen auf diesem Boden. Man sucht Ersatzbefriedigungen oder Ablenkungen.
Oft kommt es zum Abwehrmechanismus der *Entwertung* des nicht erreichten Zieles. Die Trauben, die zu hoch hingen, nennt man mit dem Fuchs aus La Fontaines Fabel «sauer». Freud hat in einer besonders interessanten Studie auch nachgewiesen, wie sehr der Witz auf dem Boden der Abwehrmechanismen gedeiht, z.B. der sexuelle Witz, der Lehrerwitz.[1]
– *Gefährdet* möchte ich einen Verzicht nennen, der nicht aus primärer Motivation heraus geleistet werden kann; Versagungen, die man nebenbei in Kauf nehmen muß, von deren Sinn man letztlich nicht überzeugt ist. Man leistet aber diesen «Nebenverzicht», weil das Hauptziel, das damit verknüpft ist, einen anzieht. Solange dieses Hauptziel voll überzeugt, wird die hinzugegebene Kondition zu ertragen sein; kommt es aber zur Krise, kann unter Umständen der se-

---

[1] Freud, S.: Der Witz und seine Beziehung zum Unbewußten (Ges. Werke VI), Frankfurt a.M. 1940.

kundäre Verzicht unerträglich werden und auch zum Verlust des Hauptzieles führen. Dies gilt für alle Situationen, in denen man auf etwas Schwerwiegendes verzichten mußte, wie zum Beispiel auf Kinder, an denen man sich gefreut hätte, auf eine begabungsgerechte Berufsausbildung u. a.

Vor *erzwungene Verzichte* wird jeder Mensch gestellt. Es sind die Widerstände des Lebens, die aus der eigenen menschlichen Beschränktheit kommen und auch aus der Beschränktheit der Mitmenschen. Trotz bester Absicht muß man Grenzen des Verstehen-Könnens und Verstanden-Werdens akzeptieren. Mißverständnisse bauen sich auf, Beziehungen brechen ab, der Tod trennt uns von liebsten Menschen, politische und wirtschaftliche Not kann in Grenzen zwingen, wir leiden an Zeitmangel, fühlen uns zeitweilig gehetzt. Materielle und gesundheitliche Schwächen nötigen zu Verzichten.

Ob wir in der Frustration stecken bleiben oder uns durchringen zur Annahme der Wirklichkeit, das ist die Frage. Ob es uns eines Tages aufgeht, daß gerade schicksalshafte Verluste, Entsagungen, notwendige Hilfen sind für unsere Entwicklung zum vollen Menschsein? Wenn wir an einen personalen Gott glauben, der das Leben selber ist, wird es uns vielleicht möglich sein zu verstehen, was Meister Ekkehard seinem Schüler Seuse als Weg zur Seligkeit anriet:

Seiner selbst entsinken in tiefer Gelassenheit –

Alle Dinge von Gott und nicht von der Kreatur annehmen.

Fragen wir nach den *Kriterien des echten Verzichtes,* so stoßen wir eben auf diese *Gelassenheit* im Vollzug und in der Wirkung.

Rahner stellt dazu die Frage: «Kann man sich selbst von der letzten Wurzel her wirklich ‹lassen›, um das gelassene Lassen-Können der einzelnen Möglichkeiten zu erreichen, wenn man sich nicht genommen wird? Aber von wem? – Wenn der Tod das Leben ist, d.h. wenn das Lassen des einzelnen nicht eigentlich verliert, sondern alles gewinnt, dann ist die Frustrationsangst überwunden. Dies gilt nicht deshalb, weil die Leere in sich die Fülle wäre – diesen billigen dialektischen Trick glauben wir im Ernst doch nicht. Die Fülle ist nicht aus der Zahl der einzelnen endlichen Möglichkeiten zusammengestückt, sondern liegt als die eine und ganze absolute Zukunft vor uns, was wir christlich ‹Gott› zu nennen gewohnt sind. Er ist bereit, sich selbst uns zu geben, wenn uns dieses Lassen gelingt.»[2]

Die *Zunahme an Freiheit* darf als weiteres Kennzeichen des Verzichtes betrachtet werden: der Freiheit zum Leben, zum Sich-Wagen, zum Risiko, aber auch zum Verzeihen, zum Zurücktreten. Die Etymologie des Wortes «Verzicht» läßt diesen Sinn aufleuchten. Das althochdeutsche «zihan» bedeutet ursprünglich «sagen, beschuldigen»; mit der Vorsilbe «ver-» wird die Negation ausgedrückt, also: Keinen Anspruch erheben, niemanden als seinen Schuldner betrachten, verzeihen. Die eigene innere Freiheit wird so auch zur Ermöglichung der Freiheit für die Mitwelt. Der Mensch wird «frei zu lieben, ohne sich sparen zu müssen. Er braucht das Glück dieses Lebens nicht zu überanstrengen und es so zu verlieren.»[3]

Der Gedanke der Freiheit und Befreiung durch den Ver-

---

[2] Rahner, K.: Selbstverwirklichung und Annahme des Kreuzes in: Schriften zur Theologie VIII, 1967, Seite 322 ff.
[3] Rahner, K.: a.a.O.

zicht kommt besonders auch in der Entwicklungspsychologie zum Ausdruck. Ein wirkliches Hineinwachsen von einer Entwicklungsstufe zur andern setzt gleichzeitig immer auch ein Abschiednehmenkönnen von bisherigen Denk- und Verhaltensformen voraus. Das «Stirb und Werde» liegt als unabdingbare Forderung jedem echten menschlichen Wachstum zugrunde.

Aus dieser Sicht hat auch das Leid einen ganz besondern Stellenwert im Leben. Erlittene Verzichte durch Verlust geliebter Menschen und Dinge verfeinern die Sensibilität und schaffen Raum für ein noch tiefer erlebbares Glück.

Verzicht und Triebbefriedigung sind *notwendig* zur Reifung der Persönlichkeit. Eine ständige und sofortige Triebbefriedigung würde uns auf der Primitivstufe des bloßen *Lustprinzips* fixieren. Der Säugling kennt nur die eine Spannung: Wer und was macht mich glücklich? Durch das Dasein im Mutterschoß hat er eine Art Schlaraffenland erlebt. Seine Bedürfnisse wurden voll befriedigt ohne die geringste Anstrengung seinerseits. Nach der Geburt muß er nun sich selbst die Nahrung einverleiben. Alles wird ihm herbeigetragen. Zärtlichkeit begleitet sein frühestes Genießen. Diese allererste Erinnerung an ein Geliebtwerden ohne Gegenleistung ist eine Kraftquelle von unschätzbarem Wert. Ungeliebte Kinder hingegen können später nur mühsam die orale Erwartungshaltung übersteigen. Die Frage nach dem Geliebtwerden muß immer wieder von neuem gestellt werden. Rasch wird auch eine Beziehung in Frage gestellt, weil man sich in der Kindheit nicht als liebenswert erlebt hat. Gefährdung entsteht auch dadurch, daß der Partner und die Mitmenschen durch einen übergroßen Liebesanspruch erdrückt werden.

Ähnlich wie das Liebesstreben kann auch das Machtstreben eine Verbildung erfahren: Die Gier ist die bittere Frucht am früh vernachlässigten Lebensbaum. Man kann nie genug bekommen. Die Triebbefriedigung muß ständig gesteigert werden, weil letztlich kein Genuß Erfüllung gibt. Die Frage bleibt unbeantwortet. – Nur ein geduldiger, langsamer Heilungsprozeß kann allmählich die Akzente verschieben. Dazu bedarf es der Hilfe tief liebender Menschen, die bereit sind, einen Nachholprozeß mitzumachen und ihrerseits die entsprechenden Einsätze zu bezahlen, bis sich die Fixierung zu lösen beginnt und der Zwang seine Macht verliert. Dann naht die Befreiung. Die Frage heißt jetzt nicht mehr nur: Wer macht mich glücklich? sondern: Wen darf ich beglücken? Wie vermag ich andern etwas zu sein? Andern etwas zu sein setzt nebst dem Elan zum Engagement auch den Mut zu Verzichten voraus: Sich selbst zurückstellen können, andern gewisse Vorrechte lassen, ohne sich deswegen als Opferseele aufzuspielen. Das gelebte *Realitätsprinzip* ist keineswegs ein einengender Zwang, wenn Liebe und Klugheit als Motivationskräfte wirken.

Liebe allein könnte zur Sentimentalität, zum masochistischen Selbstverlust führen. Klugheit allein entartet vielleicht in Schlauheit, Berechnung und Manipulation des Mitmenschen.

Eine gesunde Realitätsanpassung und Meisterung kann auf die Dauer nicht von bloßen Verzichten getragen werden. Sie braucht auch wieder eine gelegentliche Rückkehr zum Lustprinzip, zum Kind-sein-Dürfen in einem entspannenden Genießen. Kleine und größere Feste erfrischen unser Gemüt. Sie lassen uns abrücken von der Versklavung des modernen Zwangsarbeiters. Wir sind ja für ein ewiges Fest geschaffen, für ein Glück ohne Ende und ohne Grenzen.

Dieses Glück ist wie eine Morgendämmerung jetzt schon erfahrbar. Es ist der kostbare Schatz, für den es sich zu leben lohnt, auf den hin auch unser Sterben zielt. Dies hat nichts zu tun mit billigem Jenseitstrost, den manche Philosophen mit Recht als Flucht bezeichnen. Hoffnung auf ewiges Leben übt sich jetzt ein in Genießen und Verzichten. Weder das eine noch das andere darf zum Selbstzweck entarten. Verzicht um des Verzichtes willen verengt sich in Angst, Zwang und Sinnlosigkeit. Verabsolutierter Genuß zerflattert in Langeweile, Überdruß und Ekel. Genießen und Verzichten, beides zu seiner Zeit, läßt das Leben in Dankbarkeit und Freude erblühen. Das Sterben wird dann zur Vollendung, zur letzten Stufe unserer Selbstverwirklichung. Diese letzte Wirklichkeit intensiviert unser Leben. Sich selber finden heißt darum, über sich selbst hinauswachsen in Dimensionen, für die es keine Worte mehr gibt.